Penser les enjeux du développement durable dans le monde contemporain

Issiaka KONE

Penser les enjeux du développement durable dans le monde contemporain

Préface du Pr Claudio Bolzman

5-7, rue de l'École-Polytechnique ; 75005 Paris

www.editions-harmattan.fr

ISBN : 978-2-343-20040-8
EAN : 9782343200408

DEDICACE

A Adama KONE, très tôt disparu
A Hadja Salimata KONE
A Fati KONE
A Latifa Yasmine KONE
A Fadela Myriam Malika
A Abdelaziz Mohamed Adam
Aux collègues du Laboratoire des Sciences Sociales et des Organisations (LASSO)
Aux collègues du Groupe Ecole Supérieure de Commerce (ESC) Abidjan et Bouaké
Aux collègues de l'Université Alassane Ouattara (UAO) de Bouaké
Aux collègues de l'Université Jean Lorougnon Guédé (UJLog) de Daloa
Aux collègues des universités Péléforo Gbon Coulibaly (UPGC) de Korhogo et Felix Houphouet Boigny (FHB) d'Abidjan
Aux étudiants et à tous les acteurs du développement durable.

« … les dimensions structurelles de l'insertion sociale ainsi que sur les dynamiques identitaires tant des individus que des groupes : Cette double perspective participe des approches théoriques plus récentes et très prometteuses dans le domaine des migrations. »

Claudio BOLZMAN (1997) :

PREFACE

A l'heure où j'écris ces lignes une grande partie de l'humanité est confinée pour se protéger du Covid19. Cette pandémie n'épargne personne et met en évidence qu'à l'heure de la globalisation, l'interdépendance est une caractéristique centrale de nos sociétés contemporaines. Certes, comme le montre le livre du professeur Issiaka Koné, il s'agit d'une interdépendance asymétrique et inégale, car le développement des uns, va de pair avec le mal-développement des autres, voire l'accentue. L'ouvrage rappelle ainsi, à juste titre, que le développement est un concept inventé en Occident, créant l'illusion d'un rattrapage possible, d'un modèle unique à suivre, alors que les « avancées » constatées dans les pays dits du Nord sont souvent le résultat d'un transfert involontaire des richesses des pays dits du Sud vers les premiers. L'Afrique est l'un des continents qui a souffert le plus de cette interdépendance asymétrique.

Les remèdes proposés par les instances internationales dominantes pour sortir les pays africains de leurs difficultés économiques ont été le plus souvent pires que le mal qu'ils étaient censés guérir. En effet, les programmes d'ajustement structurel n'ont fait qu'enfoncer un peu plus les économies de ces pays dans la pauvreté, en les privant de la maîtrise de leurs importantes richesses, bradées souvent à des entreprises multinationales peu soucieuses du bien-être des populations locales et de la préservation de leur environnement.

Faisant preuve d'une connaissance approfondie de la problématique du développement telle qu'elle a été traitée dans la littérature sociologique internationale, l'auteur défend l'idée de la nécessité d'un développement durable, nécessairement socio-anthropologique, qui d'ailleurs ne concerne pas uniquement les pays dits en développement, mais également les pays dits développés. En effet, les diverses crises économiques récentes, l'augmentation des inégalités, le réchauffement climatique, les épidémies, la congestion des grands centres urbains, l'érosion des sols, la pollution des océans sont autant d'indices de profonds dérèglements au niveau planétaire. Il s'avère donc nécessaire d'introduire la complexité dans la manière de penser l'économie et la société, comme nous le rappellent depuis longtemps des chercheurs comme Edgar Morin. Passer alors d'une pensée de la séparation à une pensée qui permet de relier. « Relier, c'est-à-dire pas seulement établir bout à bout une connexion, mais établir une connexion qui se fasse en boucle » 1. Il s'agit par ailleurs de sortir d'une logique de court terme, et purement financière, pour penser la production, la distribution, la consommation dans une perspective qui assure les équilibres sociaux et écologiques à moyen et long terme.

Mais le développement durable ne peut pas se faire sans les gens. En effet, ce sont les personnes, dans le cadre de communautés ouvertes, réceptives au dialogue et solidaires qui peuvent le mieux définir quels sont leurs besoins et leurs aspirations en lien avec leur environnement. C'est l'intelligence collective qui permet au mieux, dans le cadre d'une dynamique participative, de mobiliser les énergies et les ressources pour améliorer les conditions d'existence. En ce sens, il est important que des institutions démocratiques non seulement suscitent la mobilisation sociale, mais qu'elles soient réceptives aux initiatives et à la créativité de « la base ». C'est lorsqu'on se sent entendu que la capacité d'agir est renforcés. De nouveaux desseins économiques, sociaux, culturels peuvent ainsi émerger, tout comme des

[1] Morin, E. (1995). La stratégie de reliance pour l'intelligence de la complexité. *Revue internationale de systémique*, vol. 9, n° 2, 1995.

sentiments renforcées d'appartenance citoyenne. L'auteur, en fin connaisseur des réalités du terrain, propose des moyens d'action clairs et détaillés pour favoriser la mobilisation sociale avec des objectifs précis.

Le professeur Koné est aussi un studieux des migrations, et sait bien que les questions de développement ne peuvent pas être traitées sans prendre en considération aussi cette thématique. En effet, les migrations, la circulation, la mobilité font partie de longue date des réalités africaines et mondiales. Les êtres humains se déplacent depuis des temps immémoriaux en quête d'un ailleurs prometteur. L'humanité s'est construite en lien avec des brassages de populations qui résultent de ces déplacements, dans des logiques de métissages et différenciations à géométrie variable. Tout au long de son histoire l'Afrique a connu les migrations et la mobilité. La période coloniale a produit les migrations forcées, la déportation des esclaves outre-mer, la reconfiguration des frontières avec la séparation politique des membres d'une même ethnie et leur mise en contact avec des membres d'autres ethnies, mais aussi le début des circulations migratoires vers l'Europe. Après les indépendances, les migrations et circulations au sein de l'Afrique se sont poursuivies, parfois non sans tensions, souvent aboutissant à des brassages et à des communautés plus larges. La migration vers l'Europe, qui dans un premier temps a été une migration sur commande et temporaire, nécessaire pour former les cadres de nouveaux Etats, est devenue par la suite une migration liée à des aspirations individuelles et familiales, notamment afin d'améliorer les conditions de vie, et parfois le statut social, de celles et ceux qui restaient grâce aux envois d'argent des migrants ou à leurs réalisations académiques et professionnelles. Dans une dynamique de développement durable, il est nécessaire de prendre en compte ces interdépendances qui ont amené aux migrations, mais que les migrations à leur tour ont contribué à renforcer. Cela nécessite l'adoption d'une perspective transnationale afin d'assurer aux migrants une place reconnue dans ce monde globalisé, une place qui par définition doit considérer des vies qui se déroulent entre plusieurs Etats, mais qui apportent aussi un plus à chacun de ces Etats. Les instances multilatérales globales sont conscientes de cette nécessité et font des recommandations dans ce sens. Un meilleur partage des bénéfices de la migration entre Etats de destination et Etats d'origine devrait contribuer aussi à une amélioration des équilibres internationaux.

Toujours en lien avec le développement durable, une autre thématique très importante abordée dans cet ouvrage est celle de la place du genre dans les sociétés africaines contemporaines. Comment en effet construire des sociétés davantage cohésives, égalitaires et respectueuses de l'environnement sans que la moitié de l'humanité ne soit activement associée à ces dynamiques ? En Afrique comme ailleurs, les femmes sont des piliers de la production et de la reproduction socioéconomiques mais sans que leurs apports multiples ne soient reconnus dans leur juste mesure. La charge de travail accompli par les femmes est souvent bien plus importante que celle des hommes, car elles cumulent activités rémunérées et non-rémunérées essentielles pour la société. Pourtant les métiers où elles sont majoritaires sont le plus souvent moins bien rétribués que ceux exercés par les hommes, et les activités de *care*, éducatives et domestiques demeurent largement invisibilisées. Quant aux femmes qui tentent de percer dans d'autres secteurs de l'économie, elles se heurtent au plafond de verre qui limite leur accession à des postes de responsabilité et qui maintien les inégalités salariales dans les organisations ! Par ailleurs, des traditions culturelles et/ou religieuses machistes et la virilité mal placée, les exposent davantage que les hommes à la violence, aux agressions, aux mutilations, aux menaces qui limitent leur autonomie et leur pouvoir d'agir. Pourtant, partout où des expériences ont permis aux femmes de disposer de plus de liberté dans leur vie quotidienne, de plus de contrôle sur leurs ressources, de plus d'égalité dans les relations de genre, le bien-être de leurs familles et de leurs communautés s'est nettement amélioré et la cohésion sociale s'est renforcée !

Analysant de manière fine et détaillée divers processus de l'Afrique contemporaine et de la Côte d'Ivoire, le livre du professeur Issiaka Koné vient à point nommé pour faire un bilan critique de la problématique du développement et ouvrir de nouvelles pistes de réflexion et d'action pour son continent.

Genève, avril et mai 2020.

. Claudio Bolzman

Professeur honoraire, Haute école spécialisée de Suisse occidentale (HES-SO, Genève)

Chapitre I
THEORIES DU DEVELOPPEMENT

I. LA QUESTION DU DÉVELOPPEMENT À TRAVERS LES SCIENCES SOCIALES

Si les économistes ont réfléchi sur la question du développement, il faut signaler aussi que les philosophes, les anthropologues et les sociologues se sont penchés sur les contours de ce concept qui se présente de manière largement polysémique. Pour certains chercheurs aborder la notion de développement, c'est aller à la rencontre des sciences sociales, comme l'histoire, l'anthropologie, la science politique et l'économie. On étudie dans ce cas selon ces sciences le processus qui conduit les pays à travers leur trajectoire d'une étape où l'on jette un regard sur les impacts des transformations, de l'évolution qui les fait passer d'une période au cours de laquelle les conditions minimales pour accéder au mieux-être des populations ne sont pas réunies à une plateforme qui ploye sous le poids des bienfaits engrangés. Les quantificateurs comme le Produit Intérieur Brut (PIB), le Revenu National (RN), la balance des paiements, la balance commerciale sont largement excédentaires.

Le revenu per capitat (Rpc) et les indicateurs tels que définis par les institutions de Bretton Woods (Banque Mondiale, Fonds Monétaire Internationale) sont au vert eu égard à leur impact sur le niveau de vie, la qualité de vie et l'accès à l'eau potable, aux soins de santé primaire, à un bol alimentaire équilibré et régulier, à une habitation sociale, à l'éducation, à la formation, aux infrastructures socioculturelles dans un environnement et à l'abri des pathologies récurrentes et les maladies tropicales négligées.

Dans d'autres approches du développement, il ressort que l'on doit prendre en compte le clivage pays développé / pays en voie de développement ou encore le Nord et le sud voire des pays industrialisés et les pays non industrialisés. Pour les anthropologues et les sociologues, le développement doit être appréhendé à travers l'évolution sociale des communautés locales, les petits groupes dans les pays à travers le prisme des mentalités qui pour les premières apparaissent comme réfractaires au projet, conservatrices et connaissant de nombreux freins qui ne facilitent pas l'avènement d'une conscience claire orientée vers la modernité donc le développement (Koné Issiaka :2009).

Pour Emile Durkheim, il faut voir dans le développement le passage d'une structure traditionnelle à une structure moderne qui se conjugue à travers le dépassement de l'équilibre population/subsistance comme le présente le Révérend Malthus dans ses travaux sur l'incidence de la croissance démographique sur le développement. De son côté, Max Webber à travers son ouvrage l'Ethique protestante et l'esprit capitaliste (1905) montre que le développement des pays où le protestantisme est vivace avec des valeurs religieuses fortes font que ces derniers sont proches du capitalisme et connaissent une accumulation dans les modes et les systèmes de production accompagnés par une transformation des manières de faire, de sentir, d'agir, de penser des populations de ces Etats.

C'est pourquoi lui il énonce l'idée que dans la mesure où les actions humaines ne s'inscrivent pas dans une logique d'évolution, de croissance, l'absence d'évolution des valeurs relatives à l'ordre social peut à terme empêcher et bloquer le processus de développement et même le compromettre.

Avec Karl Marx, le capitaliste qui a pour objectif de s'enrichir en appauvrissant le travailleur prolétaire qui lui vend sa force de travail domine tout le système de production et crée des inégalités sociales, des frustrations qui vont conduire à la révolution prolétarienne, ce qui n'est pas souhaitable pour l'économie d'un pays qui aspire au développement. C'est pour cette raison que lui avance l'idée que le développement pour ces pays ne peut se réaliser qu'à travers la phase suprême du capitalisme qui est le communisme.

En somme, il faut retenir que le concept même du développement « dans son sens étymologie désigne les différentes étapes par lesquelles un phénomène, un être, un corps social passe pour prendre une autre configuration. Pour tous, il est le cheminement, le processus de transformation suivi (...) Appliqué à l'économie, le concept de développement s'est imposé en sciences sociales et est parti de l'idée même de la conceptualisation par les penseurs comme Adam Smith, David Ricardo, John Maynard Keynes, Malthus, de la notion d'Homo Oeconomicus dont il fallait chercher à expliquer le mécanisme de "fonctionnement". Partant de ces principes régissant ou sensés régir la vie de ce dernier, des théories furent échafaudées, toutes les unes plus que les autres tendant à canoniser ses activités circonscrites par les termes suivants: produire, troquer, vendre, acheter, consommer, thésauriser ou épargner (c'est selon...!) » (Koné Issiaka: 2008, 206-207).

Toutes choses étant égales par ailleurs, il est clair que " le mot développement qui prend en compte les actes suscités que les individus pris isolément ou les collectivités [et partant les pays] posent dans le cadre de leurs interactions, est l'objectif recherché à terme. En somme, l'acte de produire des biens ou des services, de les échanger sous la forme du troc ou de la vente vise à procurer à la personne physique, morale [voire au pays] qui le pose des ressources quantifiables en monnaie ou en valeur marchande. Le développement évoque tous les processus de mutations et de transformations structurelles qui exigent et entrainent la croissance de la production. Ainsi, le développement dans l'esprit des théoriciens de l'activité économique en particulier et sociale en général s'apparenta-t-il à l'accumulation de biens et de richesses à l'amélioration de la qualité de vie et des conditions d'existence des sociétés." (Koné Issiaka: 2008, 207).

Pour François Perroux, John Maynard Keynes, Joseph Lajugie, Adam Smith, Paul Samuelson, John Kenneth Galbraight, Jean-Louis Mucchielli, Jean Yves Carfantan, François Condamines, le développement est une étape cruciale dans l'évolution d'un pays dans la mesure où « on se prend à estimer le niveau de développement des collectivités, des pays, des continents à partir des critères qualifiés "d'objectifs" par les théoriciens en la matière, en l'occurrence les économistes, comme la production intérieure brute (PIB), le revenu par habitant, les taux de natalité, de mortalité et d'alphabétisation, le nombre de lits d'hôpitaux, et de médecins par habitants, les conditions d'hygiène, le pourcentage de la population active dans le secteur agricole, son degré de qualification, les outils utilisés par ces derniers, bref autant de paramètres qui matérialisent une certaine vision du monde, une autre forme de conceptualisation de la vie des populations étudiées. » (Koné Issiaka; 2008,207).

Pour mesurer le niveau de développement d'un pays, on doit tenir compte de la réalité suivante : les grandes agglomérations du monde sont de plus en plus frappées par une montée exponentielle du nombre de personnes démunies, vulnérables vivant dans des conditions de détresse sociale, morale, économique telles que leur quotidien et leur futur se conjuguent dans l'incertitude, la misère, le fameux « starvation » anglo saxon.

Les indicateurs de cette situation de mal-être sont l'absence de conditions minimales leur permettant d'améliorer leur statut social. Au nombre de ces indicateurs, il faut signaler l'absence d'eau potable, l'absence de connexion au réseau électrique, le local qui sert d'abri couvre les intempéries est fait de matériaux de récupération, de morceaux de tôles rouillées et plusieurs fois utilisées. L'espace dans lequel les habitants de ces localités du pays dont on parle se trouvent dans une aire où les hommes disputent aux bêtes et aux autres animaux les eaux de ruissellement, les reflux des eaux des puits perdus et des fosses septiques à ciel ouvert. Il n'est pas saugrenu de côtoyer les faméliques chiens galeux, la promiscuité des animaux domestiques malingres et malades, les lieux d'habitation sont bondés et surpeuplés avec des individus oisifs, désœuvrés qui sont touchés par la maladie en proie à la difficile équation d'échapper à un avenir qui apparait incertain.

Le décor tel que présenté, est celui qui permet d'évaluer la profondeur de la précarité, la pauvreté, le marasme dans lequel les populations de la plupart des pays du tiers-monde se trouvent confinés. C'est le lieu de préciser que pour ces pays, le développement est comme un mirage dans la mesure où au quotidien les individus ne voient et même n'entrevoient pas les contours du développement. Leur environnement est celui où pullulent les détritus, les ordures et autres déchets solides, liquides, ménagers, avec les signes palpables de la pauvreté, les vicissitudes de la croissance aux fruits mal répartis, faisant de ces acteurs des gens que le train du développement a laissé sur le quai !

II. LA PROBLÉMATIQUE DU DÉVELOPPEMENT

La vie économique en Afrique est ponctuée par des cycles de sécheresse due au changement climatique, à la baisse drastique des recettes d'exportation, à une croissance exponentielle du taux d'accroissement de la population, à un déficit chronique de la balance des paiements et de la balance commerciale, à des difficultés pour parvenir à l'équilibre budgétaire. La politique publique qui n'arrive pas à établir une échelle de priorités au niveau des secteurs dans lesquels il faut créer et capter les investissements avec des effets multiplicateurs mais aussi dans un environnement où les secteurs qui produisent des recettes additionnelles sont exogènes. Les enjeux sont dispersés et très souvent difficiles à concilier et à ajuster.

En somme, en Afrique, la « conceptualisation de la vie économique et du développement » se fonde sur ces critères et s'explique dans une perspective occidentale qui présente un paradigme où les valeurs et la culture africaine n'est pas prise en compte. De là, il ressort que de pareilles analyses se fondent sur des schémas de développement erronés et éloignés de la réalité des populations des pays étudiés. Ce constat est celui de Dominique Guellec et de Pierre Ralle et qui énoncent que : « Si les théories traditionnelles permettent de rendre compte du développement de certains pays d'Asie, elles n'arrivent pas (même en s'éloignant des schémas théoriques les plus stricts) à rendre compte des disparités les plus fortes: Toutes les choses égales par ailleurs, on butte sur la spécificité africaine qui reste inexpliquée dans ces modèles ». (Guellec Dominique, Ralle Pierre: 1995, 62).

Partant, « l'indice de la consommation, l'équilibre des balances commerciales et de paiement, le calcul de taux de croissance enregistré dans certains secteurs de la production et même la détermination du revenu national ne suffisent plus à cerner de manière exhaustive les contours de la réalité socio-économique de l'Afrique. Il devient indispensable d'orienter ces programmes dans le sens de la vision que les sociétés africaines ont d'elles-mêmes et ce qu'elles projettent comme image de leur altérité. En fait, il s'agit donc pour les décideurs, les bailleurs de fonds et l'ensemble des partenaires au développement de regarder avec d'autres yeux les populations africaines cibles à partir de ce que Erving Goffman appelle leur "mise en scène de la vie quotidienne. » (Koné Issiaka: 2008, 215).

Par conséquent, le concept même de développement doit être appréhendé avec beaucoup de précautions dans la mesure où il a montré ses limites à travers ce que le chercheur marocain Najib Akesbi appelle « l'ajustement ». Ainsi, « cette nouvelle orientation de la théorisation économique doit se départir de l'ancienne vision manichéenne et réductionniste du développement au moment où la mondialisation préconise d'autres échelles de valeurs dont il faut se méfier. Ce vent qui souffle sur la planète prend ce qui fait l'éthique dans les cultures, les harmonise pour en faire des valeurs universelles. L'expérience nous montre que ces valeurs concourent à l'implosion des politiques juridiques des Etats, et à la remise en cause des principes séculaires de vie favorisant par conséquent l'exclusion des individus, des groupes et des continents. » (Koné Issiaka: 2008, 215).

Alors, il devient clair que: « le développement tel que présenté, est un concept forgé par les occidentaux et tendant à rendre compte du déroulement de leurs activités, en rapport avec leurs attitudes, leurs valeurs, leur philosophie et leur vision du monde, donc leur culture. La vision du monde dont il s'agit est celle qui a été entretenue et distillée par des économistes dont les idées et l'idéologie sont fortement tributaires des théories évolutionnistes » (Koné Issiaka: 2008, 216).

Quand on pousse loin la réflexion, on rejoint à l'idée que soutient le chercheur suisse Mondher Kilani dans ses travaux et autres publications. Pour lui, le concept de développement s'est construit en occident autour des théories qui ont fait naître « la vision du monde qui se représente les relations entre les hommes essentiellement sous la forme d'une médiation par l'argent et par la circulation des marchandises et qui, de ce fait même se trouve éloignée des valeurs indigènes, où la relation sociale prime sur toute autre considération et où l'échange des objets est médiatisé par les relations concrètes entre les personnes ». (Mondher Kilani: 1992;139).

III. Les théories de la construction du développement

Le développement selon le chercheur américain Talcott Parsons est un (1951) construit social autour d'un système social. Ce qui est privilégié dans son approche du développement, c'est la place de l'action et de l'individu dans sa théorie qui veut que dans la mise en place des conditions qui vont inhiber, engendrer ou catalyser le développement, on part du principe que « le fonctionnement d'une société se fait à travers '' l'échange d'énergie et d'information'' à l'intérieur de ce système de telle sorte que sur l'axe descendant/ montant et sur l'axe horizontal, toutes les composantes de la société sont mises à contribution. Le développement pour lui est l'affaire de tous et il est important d'inscrire les actions dans la formalisation définitive du système dans le ***modèle ''AGIL''***. Dans son modèle, il est clair que le système qui conduit aussi au développement s'appuie sur les quatre sous thèmes ou branches qui sont :

A=*adaptation* à l'environnement correspondant au système économique

G= *Goal* – attainment qui exprime le besoin de définir les objectifs du système politique qu'il faut mettre en œuvre, I comme intégration de tout ce qui concourt à aller vers la participation de tous dans un élan de cohésion du système social.

Le **L** est l'expression de la latence qui découle du fait que dans les projets de développement conçus, il y a lieu de s'appuyer sur la continuité qui découle du système culturel. Ainsi avec la communication, on met en branle les flux d'échange des biens, des services et des valeurs symboliques pour dynamiser le système. On va chercher dans la culture ce qu'il faut pour donner du sens à toutes les formes d'échange induit par la richesse monétaire qui provient de A.

De cette approche de Parsons, il faut noter que cela va susciter des réactions de la part des chercheurs comme Samir Amin, Albert Tévoedjrè, Mohamed Diawara, qui verront dans les théories américaines du développement une approche évolutionniste (W. W. Rostow), ethnocentriste orientée vers une économie occidentale dont ils se font les champions de l'apologie. Tous les pays ne sont pas obligés de passer par le modèle occidental pour « accéder au développement » car chacun peut inventer son modèle et l'adapter à l'environnement et aux conditions qui sont les siennes. Ainsi la théorie générale du développement qui fait la part belle au capital et à la société de consommation sera critiquée par Karl Marx et les autres qui préconisent une voie qui est le socialisme scientifique qui pour certains conduit au communisme qui est le stade suprême de toute révolution. Cette porte sera enfoncée par les africanistes comme Meillassoux, Jean Copans, Jean Ziegler, Adornos, P-P. Rey, Jean-Yves Carfantan, Charles Condamines, Réné Dumont, J. Berque, P. Vellas, vont alimenter beaucoup de travaux de recherche qui vont centrer leurs préoccupations sur la question même du développement des pays asiatiques, d'Amérique du Sud et du Centre, de l'Afrique du Moyen et du Proche Orient. La réflexion va engendrer dans la théorie du développement la question du tiers-monde. Dans les approches de ces chercheurs, il revient que l'on doit chercher « à déterminer les conditions ou les conséquences sur le plan social des changements intervenus ou à promouvoir le plan économique, et qui dans cette mesure se tourne pour la plupart plus ou moins subordonnés soit à l'action économique, soit à la théorie économique. Ce dont il s'agit essentiellement, c'est d'identifier d'une par les « freins et blocages socio-culturels du développement économique, et d'autres part ses « coûts sociaux » (Maxim Haubert : 1992,178).

La porte ouverte sera celle des défenseurs du concept du développement du tiers-monde. Ces pays surtout appelés tantôt pays en voie de développement ou encore pays en développement ou tout simplement pays du tiers-monde. Des propositions de solutions seront faites pour sortir ces pays de la situation de marasme économique dans laquelle ils sont confinés, englués, empêtrés.

Des remèdes de cheval sont proposés. Pour les institutions de Bretton Woods, il s'agit de leur faire avaler la potion magique des ajustements structurels avec leurs gélules de privatisation, de réduction de effectifs de la fonction publique, de l'endettement a outrance pour moderniser l'agriculture avec des produits phytosanitaires chimiques, des réformes de la purge et la gestion foncière inadaptée, toute forme de médicament qui vont installer ces pays dans la fonde sociale, la déstabilisation et les changements violents de régimes.

C'est le lieu de souligner que les échecs de ces plans d'ajustement structurel, des remises en question des politiques publiques expérimentées, vont pousser les pays du tiers-monde à rechercher d'autres voies pour leur politique de développement. C'est ainsi que l'on va noter que le monde est en proie à une poussée démographique quasi exponentielle. Des crises au niveau des sociétés vont faire leur apparition tant au niveau social, culturel, politique, économique, climatique voire environnemental en un mot. C'est le moment des grandes retrouvailles des G7, G10 et autres forums pour venir au chevet des pays du tiers-monde qui n'ont pas pu embarquer dans le train du développement conçu par les occidentaux ! Partant, avec les rencontres au niveau mondial, les acteurs locaux, sociaux, politiques, vont se faire petit à petit à l'idée qu'il faut inventer un remède pour aider les pays confrontés à la maladie du développement à expérimenter une autre thérapie. C'est dans cette perspective que le concept de développement durable va s'imposer aux experts et autres chercheurs depuis 1987. Aujourd'hui au 21ème Siècle c'est la solution qui semble prendre en compte les problèmes conjoncturels et structurels auxquels les pays font face.

D'ailleurs quand les pays africains en l'occurrence sont en proie à la problématique du mal développement, les experts de manière unanime ont dégagé ce qui à leurs yeux constituent les freins au développement de ces derniers.

IV. LES FREINS AU DÉVELOPPEMENT

Avec les travaux de François Perroux, de Raymond Barre, de E. Arghiri, de Paul Samuelson et des experts de la CNUCED, du PNUD, de la Banque mondiale, du FMI, et du FED, les critères sur lesquels ils s'appuient pour classer les pays dans le groupe des sous-développés ou en voie de développement sont nombreux. Parmi eux, on peut identifier la faiblesse du Produit National Brut (PNB) qui revient à inventorier tous les indices qui constituent ce quantificateur économique jugé essentiel par les spécialistes du développement. La somme de tout ce qui est produit par le secteur agricole, commercial, industriel, minier, celui des autres biens produits et services ne suffit pas à couvrir les besoins d'une population qui escompte d'avantage en la matière selon les indices définis par ces derniers ! A ce critère essentiel, il faut ajouter selon les mêmes économistes l'importance de la population active impliquée dans le secteur primaire, celui de l'agriculture en l'occurrence. Tous les acteurs sociaux faute d'emploi, de qualification se retrouvent confinés à des activités relevant de l'agriculture au moment où quelques-uns parmi eux auraient pu vendre leur force de travail dans d'autres secteurs.

On prend aussi en compte la faiblesse du tissu et niveau industriel, la forte croissance démographique, les inégalités sociales qui sont très criardes et comme le dit Mondher Kilani, il y a peu de classes moyennes. Au niveau de l'éducation/formation, il faut signaler le fort taux d'analphabétisme, surtout du côté de la population féminine. La formation est inadaptée et la qualification est faible. Les problèmes d'une population en bonne santé se remarquent au niveau alimentaire avec une poussée de malnutrition très prononcée. La maladie touche toutes les couches sociales comme les jeunes et les personnes du troisième âge, les adultes exposés aux maladies invalidantes voire endémiques comme la tuberculose, le paludisme, l'hypertension, le diabète, le choléra, la fièvre jaune et les pandémies comme le VIH et les maladies sexuellement transmissibles.

Du côté de l'économie, la répartition des richesses est mal opérée et de gros contingents vont alimenter les groupes d'individus vivant dans la précarité et sujets à une pauvreté et un état de démuni très aigu. Au plan de la politique publique, on ressent les vicissitudes de la forte dépendance vis-à-vis de l'extérieur eu égard à la dette contractée aves ses sempiternels corolaires comme le service de la dette, les ajustements économiques et budgétaires (dévaluation monétaire de 1994 du franc dans la zone CFA), les négociations diverses, les mémorandums ... toutes ces alchimies qui, avec la baisse drastique du prix des produits agricoles d'exportation contribuent à plomber une économie qui cherche encore ses marques ! C'est le lieu de souligner que l'absence de démocratie et son prolongement à travers la corruption avec la confiscation par le canal de stratégies mal ficelées du pouvoir contribuent à installer les pays en voie de développement dans l'instabilité et à la difficulté à planifier des actions de développement avec sérénité !

Quelle solution face à cette kyrielle de maux ? Le développement durable apparait aujourd'hui comme la solution idoine.

V. LE CONCEPT DE DÉVELOPPEMENT DURABLE

La fin du 19ème siècle présente en Afrique, en Asie, en Amérique Latine, au Moyen et Proche Orient, des inégalités de développement à l'échelle des pays. On a le clivage Nord/sud qui fait que depuis la fin de la seconde guerre mondiale on a commencé à classifier les pays en Pays industrialisés et développés d'un côté et les pays en voie développement de l'autre.

De plus on prend en compte les indicateurs économiques et ceux du développement humain (Indice de Développement Humain IDH). D'autres économistes et hommes politiques vont aborder la question du sous-développement selon plusieurs axes. En 1948 déjà le Président des Etats-Unis Harry Truman dans un discours a parlé du développement du Tiers Monde dans une perspective avant-gardiste des ténors du développement durable. Pierre Jalée va mettre l'accent sur le pillage du Tiers Monde suivi en cela par Elsa Assidon, Bernard Conte, Sophie Bessis (l'arme alimentaire), Josué de Castro qui ont mis à nu les stratégies et manigances des pays développés pour maintenir les autres sous leur domination.

Du côté de ceux qui se rapprochent de la tendance marxiste, il faut préciser que le discours relatif à leurs théories met en valeur l'idée du développement durable en mettant en exergue l'indice de développement humain. Il faut citer dans ce groupe ceux qui pourfendent et stigmatisent le grand capital international, les multinationales, les politiques et stratégies de l'Occident orienté vers l'économie classique, libérale et néo-libérale. Il faut citer Raoul Prebish (argentin), Samir Anin (égyptien), Celso Furtado (portugais), A.G.Frank (britannique), Emmanuel Arghiri (franco-indien), Mohamed Yunus (indien) et tous ceux qui ont étudié le cas de la Côte d'Ivoire et du Brésil.

Si le concept même du développement durable est venu sur la scène en 1987, il était en germe dans les travaux de nombreux économistes depuis le début du 20ème siècle. Avec David Ricardo (britannique) et sa théorie de l'avantage comparatif, Arthur Lewis et son économie duale des pays en voie de développement, Théodore Walter Schultz et le sous-développement des pays trouvent comme explication le manque d'ouverture de leur économie.

Walt Whitman Rostow lui aborde la question de la sortie du sous-développement et de l'orientation vers le développement durable (avant la lettre !) à travers sa vision évolutionniste qui consiste à franchir quatre étapes pour arriver à la dernière la cinquième qui est celle de l'ère de la consommation de masse. Les théories des développementalistes comme Jacques Attali, Mohamed Yunus (indien), s'orientent vers la lutte contre la pauvreté par la création de micro-structures pour rendre le capital accessible aux couches les plus défavorisées des populations des pays en voie de développement. Cette approche du développement durable sera défendue par Michel Camdessus, Jean Ziegler, Helmut Kolh, Ignacy Sachs, François Partant, Jacques Freyssinet, Justin Delepine, Laurence Dorman, Pierre Madec, Sandrine Foulon et de tous les alter-mondialistes.

Fort de tous ces travaux, il apparaît que « le concept du développement durable trouve ses origines théoriques dans le milieu du 19ème siècle (...) Le concept a débuté très tôt, mais ce n'est en qu'en 1980, avec la publication de la stratégie mondiale de la conservation (SMC), que le terme « développement durable » a été employé au sens qu'on lui attribue aujourd'hui. (...). Essentiellement, le concept de développement durable tente de réconcilier le développement et le respect de la nature », de l'environnement. (Regroupement National des Conseils

Régionaux de l'environnement du Québec (RNCREQ): Mai 1998, 4).

Avec le concept du développement durable, on prend en compte trois paramètres qui sont l'économie, l'aspect social qui participe à la qualité de la vie et le côté de la sauvegarde, de la préservation de l'environnement. Avec Ignacy Sachs (1981), l'écodéveloppement fait du développement durable une composition qui intègre plusieurs choses. « Le développement est un tout. Les dimensions culturelles, sociales, économiques, institutionnelles, politiques et écologiques doivent être traitées dans leurs interrelations par une politique intégrée. » (Ignacy Sachs : 1981, 139). Depuis 1992 avec le Sommet de la Terre de Rio, il faut appréhender l'économie sous un autre angle. Il n'est plus question de détruire la nature tous azimuts et tenir compte des théories propagées par le Club de Rome avec la croissance zéro, celle de Thomas Malthus.

Le développement durable sur l'axe de la conservation s'appuie sur la superstructure défendue par l'UICN, la PNUE, le FMN, (WWF), la FAO, l'UNESCO, la CMED (Commission Mondiale de l'Environnement et du Développement) avec en toile de fond cinq dimensions (culturelle, sociale, spatiale, économique, écologique). Dans cette logique le développement durable suppose six conditions dont le système politique (participation et mobilisation de tous), le système économique (partir des excédents pour des investissements et réinvestissements ultérieurs), le système social, le système de production, le système international (conjoncture politique) et le système administratif souple et capable d'aller vers l'autocorrection, selon Young (1992).

Chapitre II
MOBILISATION SOCIALE ET LUTTE CONTRE LA PAUVRETE

VI. DÉFINITION CONCEPTUELLE

I.1- Mobilisation

La mobilisation, au sens large, est « l'action de mettre en jeu des forces (ressources), y faire appel, les réunir en vue d'une action commune ». Ainsi, fondamentalement, le processus de mobilisation d'une communauté locale se définit comme une démarche continue regroupant plusieurs partenaires et résidents de la communauté autour d'enjeux sociaux qu'ils auront identifiés ensemble. Cette démarche vise à élaborer collectivement des stratégies axées sur l'amélioration de la qualité de vie des citoyens.

La mobilisation désigne une coordination des activités des membres d'un groupe souhaitant défendre ses intérêts. Se mobiliser, c'est associer ses capacités et son énergie à celles d'autres personnes en vue d'obtenir un résultat positif. En d'autres termes, le processus de mobilisation est en soi une stratégie de développement des communautés locales, à travers laquelle tous les acteurs concernés sont invités à devenir des agents de changement solidaires[2].

I.2- Mobilisation sociale

La mobilisation sociale est une prise de conscience d'un problème dans la sphère publique et l'action qui en découle, à savoir l'organisation d'une stratégie afin d'agir face à ce

---

[2] GRANDCHAMP, HARRIS ET POITRAS, Les processus de mobilisation d'une communauté locale : des
initiatives de communauté visant l'amélioration de la qualité de vie, Centraide du Grand Montréal, Février 2003.

problème. Une telle mobilisation a pour but de changer une situation sociale, en un sens favorable au groupe, selon ses valeurs et ses motivations.

I.3- Mobilisation politique

La mobilisation politique désigne l'ensemble des activités menées par les décideurs et responsables politiques en vue d'améliorer une situation négative vécue par leurs populations. La mobilisation politique peut intervenir comme une réponse à un plaidoyer

La mobilisation sociale, c'est le fait de prendre conscience d'un problème dans la sphère publique et de s'organiser afin d'agir face à ce problème. La société civile rend ainsi visible dans l'espace public une cause qu'elle défend ou qu'elle veut faire connaître en s'assurant que ceci ait un impact. La mobilisation sociale commence donc par la reconnaissance du problème à traiter. Une journée d'information peut, par exemple, être le déclencheur de la prise de conscience d'un problème. La cause pour laquelle la société est susceptible de se mobiliser doit pouvoir toucher le plus grand nombre, concerné directement ou indirectement. Selon l'Organisation Mondiale de la Santé, « la mobilisation sociale implique de planifier des actions pour atteindre, influencer, engager tous les segments et secteurs concernés de la société afin d'atteindre un but commun ». Les nouvelles techniques de communication et le phénomène de la mondialisation ont donné une nouvelle portée aux stratégies de mobilisation sociale en englobant le niveau local (c'est-à-dire la mobilisation à l'échelle d'une communauté ou d'un pays), et le niveau mondial qui reconnaît qu'une communauté se définit plus par des points communs qu'un territoire et permet une mobilisation sociale sans frontières.

La force motrice de la mobilisation est le regroupement de personnes qui croient qu'ensemble elles ont le pouvoir de changer les choses. Elles peuvent élaborer des solutions pour faire face aux problèmes et aux occasions qui se présentent. Au sein de leur communauté, ces personnes croient en leur capacité d'agir au lieu d'attendre l'intervention d'une autre partie. Les personnes croient qu'elles possèdent une expertise qui leur permettra de trouver des réponses.

- Elles sont les spécialistes de leurs besoins, de leurs espoirs et de leurs rêves.
- Elles ont des compétences, des connaissances et des habiletés à partager.
- Elles reconnaissent l'avantage d'agir de concert.

I.4- Pauvreté

La pauvreté est une notion relative qui varie dans le temps et dans l'espace. Les statisticiens adoptent donc le plus souvent un concept de « pauvreté relative », qui dépend de la norme de consommation dans une société donnée à une époque donnée (cf. l'article Pauvreté). La pauvreté se transforme en exclusion lorsque le niveau de ressources est trop faible pour que l'individu ou le ménage participe réellement à la société. Elle résulte du cumul de handicaps dans tous les domaines de la vie sociale : problèmes de santé, de logement, de scolarité, d'insertion professionnelle... Déjà dans les années 1960,le terme de « quart monde » relativisait la dimension matérielle de la pauvreté, conséquence autant que cause d'un statut dévalorisé : « pour être pauvre, il faut tout à la fois manquer de fortune et d'occupation rémunératrice (classe), de force sociale (pouvoir) et de respectabilité (statut) » (J. Labbens, Sociologie de la pauvreté, 1970). Mais le terme de « quart monde » est aussi significatif de l'approche de la pauvreté dans les années de croissance et de plein emploi. Elle apparaît alors comme un phénomène résiduel et les formes extrêmes de la pauvreté sont analysées en termes d'inadaptation et de reproduction : « dans la quasi-totalité des ménages, la misère n'est pas un accident mais un destin » (J. Labbens). Oscar Lewis (Les enfants de Sanchez, 1961) évoque une « culture de la pauvreté » transmise de génération en génération sous forme d'attitudes et de dispositions (sentiment d'impuissance, de dépendance, fatalisme). Dès lors, ceux qui y participent sont incapables d'en sortir.

En effet, définir la pauvreté pour compter les pauvres, analyser leur comportement, suivre l'évolution de leur situation dans le temps paraît une démarche logique. Les économistes et statisticiens s'y sont depuis longtemps attaché tout en renonçant le plus souvent à définir une « pauvreté absolue » pour se contenter d'une « pauvreté relative ». Pour le sociologue, le concept reste équivoque : la pauvreté est non seulement relative mais multidimensionnelle et socialement construite.

I.5- Pauvreté absolue et pauvreté relative

La pauvreté est une prénotion au sens durkheimien : sa définition, claire pour le profane, pose des problèmes au chercheur en sciences humaines. On peut, certes, tenter de définir une « pauvreté absolue », (Rowntree, 1901) c'est-à-dire, déterminer un seuil minimal en deçà duquel l'existence biologique est menacée. Le pauvre est alors celui qui ne peut accéder aux biens de première nécessité (alimentation, logement, vêtements). Cette méthode est encore employée en Grande-Bretagne et aux États-Unis pour calculer certains seuils officiels de pauvreté. Cependant, comme l'indiquait déjà Adam Smith, au XVIIIe siècle, il ne s'agit pas seulement de subsister : « par objet de nécessité, j'entends non seulement les denrées qui sont indispensablement nécessaires au soutien de la vie, mais encore toutes les choses dont les honnêtes gens, même de la dernière classe, ne sauraient décemment manquer » (La Richesse des nations, 1776). La pauvreté apparaît ainsi à l'évidence comme une notion relative qui varie dans le temps et dans l'espace : être pauvre n'a pas la même signification en France ou en Inde, au XIXe siècle ou au XXe siècle. Les statisticiens adoptent donc le plus souvent un concept de « pauvreté relative », qui dépend de la norme de consommation dans une société donnée à une époque donnée. Ainsi, en France, les enquêtes retiennent trois évaluations possibles de la pauvreté : l'approche « monétaire » établit un seuil de pauvreté en général fixé à 50 % du revenu médian (revenu disponible après impôts et transferts par unité de consommation, soit 3500 F. en 1997 pour une personne seule). La seconde se fonde sur l'étude des conditions d'existence et définit les biens et les services indispensables dans le contexte social actuel. Cette définition qui rappelle celle d'Adam Smith a l'intérêt de mettre l'accent sur le processus d'exclusion du mode de vie « normal » qui caractérise la pauvreté. Enfin, une troisième approche est dite « subjective » : elle consiste à considérer comme « pauvre » l'individu qui déclare que son revenu ne lui permet pas d'accéder à ce qu'il considère comme le minimum nécessaire. Ce relativisme est toutefois critiqué, car en allant jusqu'au bout du raisonnement, on peut en effet affirmer : « si par miracle, tout le monde voit ses revenus doubler du jour au lendemain, il y aura toujours autant de pauvres ; de même la pauvreté n'augmentera pas si tout le monde, en un jour doit perdre la moitié de ses revenus » (Stein Ringen, 1995). Plus simplement, on s'aperçoit que le niveau de pauvreté est construit par les politiques publiques ; ainsi le rapport du conseil d'analyse économique (Inégalités économiques, 2001) montre que si on fixe le seuil de pauvreté à 60 % de la médiane (seuil de pauvreté pour l'union européenne), le taux de pauvreté, en France, s'élève à 14 %. Avec un seuil fixé à 40 % de la médiane, il tombe à 3 %. Cela tient au niveau des différents minima sociaux et allocations complémentaires qui détermine une concentration des niveaux de vie autour du seuil de pauvreté. Cela explique aussi la configuration de la pauvreté : 40 % des ménages situés sous le seuil de pauvreté sont inactifs (retraités le plus souvent). Chez les actifs, les ménages pauvres sont majoritairement des familles dont le chef de famille est au chômage ou dans un emploi précaire, mais on trouve aussi beaucoup de petits indépendants. Familles monoparentales et familles nombreuses sont surreprésentées et, en 1997, 750 000 enfants de moins de 14 ans vivent dans la pauvreté. Globalement, la pauvreté s'est rajeunie puisque 5 % des personnes de plus de 65 ans (contre 30 % en 1970) et que 15 % des 15-25 ans sont aujourd'hui sous le seuil de pauvreté.

I.6- Une pauvreté multidimensionnelle et socialement construite

Si le terme d'« exclusion » est souvent associé à la grande pauvreté, c'est qu'un niveau de ressource trop faible interdit de participer réellement à la société. La pauvreté apparaît alors comme une mise à l'écart qui a toujours un caractère multidimensionnel. L'exclusion du mode de vie dominant se fait par un cumul de handicaps dans la plupart des domaines de la vie sociale : problèmes de santé, de logement, échec scolaire, difficulté d'insertion professionnelle... Étudiant dans les années 1970 la grande pauvreté des bidonvilles et des cités d'urgence, le sociologue Jean Labbens relativise, déjà, la dimension matérielle de la pauvreté, conséquence autant que cause d'un statut dévalorisé : « on n'est point pauvre parce qu'on a peu d'argent ; on est démuni de ressources ou de revenus, parce que, faute de santé, d'occupation rémunératrice, d'instruction, de relations, de capital négociable ou intransmissible, on ne peut faire valoir des droits sur autrui, sur le travail des autres » (Labbens, 1970).

Mais la pauvreté apparaît aussi comme une construction sociale, fonction de son traitement dans chaque société. Ainsi Georg Simmel (Les pauvres, 1908) considère que « le fait que quelqu'un soit pauvre ne signifie pas encore qu'il appartienne à la catégorie spécifique des pauvres. Il peut être un pauvre commerçant, un pauvre artiste ou un pauvre employé, mais il reste situé dans une catégorie définie par une activité spécifique ou une position ». Et il ajoute : « les pauvres, en tant que catégorie sociale, ne sont pas ceux qui souffrent de manques ou de privations spécifiques, mais ceux qui reçoivent assistance ou devraient la recevoir selon les normes sociales. Par conséquent, la pauvreté ne peut, dans ce sens, être définie comme un état quantitatif en elle-même, mais seulement par rapport à la réaction sociale qui résulte d'une situation spécifique ».

Cette approche est reprise par Serge Paugam (1996) lorsqu'il veut rendre compte des contrastes nationaux dans le rapport à la pauvreté à l'intérieur de l'union européenne. Le rapport social à la pauvreté est envisagé selon deux dimensions : la première est macrosociologique, elle renvoie aux représentations collectives de la pauvreté, à travers notamment les modes d'assistance ; la seconde est microsociologique, elle renvoie aux expériences vécues par les populations définies comme « pauvres ». Il construit ainsi trois « types idéaux » de la pauvreté européenne : la pauvreté « intégrée » est caractéristique des régions du Sud de l'Europe où les « pauvres », dont le taux est élevé, ne sont pas fortement stigmatisés et où l'intégration par le réseau familial reste déterminante. La pauvreté « marginale » fait référence à une minorité d'individus jugés inadaptés et voués à l'assistance. Elle correspond à un statut fortement dévalorisé et reste dominante en Allemagne et dans les pays scandinaves. La pauvreté « disqualifiante » est celle qui correspond à ce que l'on appelle souvent la « nouvelle pauvreté » : il ne s'agit pas d'un « état de misère stabilisé » mais du résultat d'un processus de refoulement hors, ou en marge de la sphère productive. Cette situation liée au chômage et au développement de la précarité se développe dans tous les pays industrialisés, mais elle semble particulièrement présente en France et en Grande-Bretagne, au-delà des profondes différences des systèmes de protection sociale : l'exclusion deviendra dans les années 1990 un concept familier mais équivoque, se substituant avec plus ou moins de pertinence à celui de pauvreté.

I.7- Pauvreté ou exclusion ?

À la fin des Trente Glorieuses, la pauvreté apparaît comme un phénomène résiduel et les formes extrêmes de la pauvreté sont analysées en termes d'inadaptation et de reproduction : « dans la quasi-totalité des ménages, la misère n'est pas un accident mais un destin » (Jean Labbens). Cette analyse permet d'identifier des populations cibles, susceptibles de faire l'objet d'interventions sociales spécifiques.

Cette reproduction de la pauvreté, de génération en génération, a fait l'objet de nombreuses analyses dans la sociologie américaine. Selon Merton, les familles « à problèmes » semblent n'avoir intériorisé ni les fins que la société américaine propose à ses membres (valeurs d'accomplissement), ni les moyens qui permettent d'y parvenir (études, travail). La pauvreté apparaît alors comme un échec de la socialisation.

I.8- Evolution de la pauvreté en Côte d'Ivoire

Selon l'Enquête sur le Niveau de Vie 2008 (ENV 2008) de l'INS, la crise économique et politique a accentué l'état de pauvreté des populations, faisant passer le taux de pauvreté de 10% en 1985, à 32,3% en 1993, puis 33,6% en 1998, 38,4% en 2002, pour atteindre 48,9 % en 2008. L'exacerbation de la pauvreté et du chômage fait que la situation est extrêmement préoccupante dans certains secteurs tels que la santé, l'éducation, la nutrition, le VIH-SIDA et l'emploi des jeunes. Le taux de morbidité est de 21,04% au cours des 4 dernières semaines ayant précédé l'enquête. Cette proportion était de 12,6% en 2002 (au cours des 2 dernières semaines ayant précédé l'enquête). Près de la moitié de la population ivoirienne (50,11%) déclare avoir déjà fréquenté une école. La pauvreté est fortement ancrée dans le milieu rural en Côte d'Ivoire. En effet, le taux de pauvreté en milieu rural est passé de 15,8 % en 1985, puis à 49 % en 2002 pour atteindre 62,5 % en 2008. La contribution du milieu rural à la pauvreté nationale est de 75,4% contre 24,6% en milieu urbain. Le ratio d'extrême pauvreté (dépense quotidienne de moins de 280 F CFA) est de 14,31% en milieu rural et de 3,81% en milieu urbain. Toutefois, le sexe des individus n'apparaît pas comme un facteur de discrimination au niveau de l'analyse de la pauvreté, autrement dit, aussi bien les hommes que les femmes sont touchées par le phénomène de la pauvreté.

L'analyse de la pauvreté par pôle de développement réalisée montre que huit (8) pôles de développement sur les dix (10) que compte le pays présentent un taux de pauvreté supérieur à 50%, notamment : le Nord qui passe de 40,3% en 2002 à 77,3% en 2008, soit une variation exceptionnelle de 91,8% ; le Centre-Nord qui connaît également une forte variation du niveau de pauvreté de 78,1%, en passant de 32,0% à 57,0% ; le Centre (56,0% en 2008) et le Centre-Est (53,7% en 2008). En ce qui concerne l'extrême pauvreté, les régions les plus fortement touchées sont celles du Nord (avec un taux d'extrême pauvreté de 29,62%), du Nord-ouest (18,36%), du Centre-Nord (17,83%), de l'Ouest (14,14%) et du Centre-Ouest (13,60%).

Au-delà du caractère rural de la pauvreté en Côte d'Ivoire, l'on peut donc également évoquer : le manque d'infrastructure des pauvres, le manque d'emplois, les difficultés d'accès au crédit, aux services de santé, du mauvais état des logements et du manque d'assainissement dont bénéficie un grand nombre de pauvres.

Face à cette situation, le gouvernement et plusieurs autres acteurs ont initié des actions pour contribuer à lutter contre la pauvreté. Ces initiatives diverses et variées ont été basées sur plusieurs démarches et stratégies dont l'approche participative pour permettre aux populations cibles de mieux internaliser ces stratégies et assurer la pérennité des actions de mobilisation sociale.

Objectifs de la mobilisation

Sensibiliser les individus et les organisations communautaires de base à l'existence d'un problème ou d'une situation à améliorer ;

Les inciter à agir, à se mobiliser et à mobiliser leurs moyens propres pour y remédier ;

Mutualiser les expériences, les connaissances et les pratiques ;

Réfléchir ensemble à d'éventuelles solutions, dans le cadre de réunions ou d'ateliers regroupant différentes composantes de la population et

Élaborer une stratégie commune déclinée en activités.

VII. LES PRINCIPES DE LA MOBILISATION SOCIALE

II.1- Prise de conscience

La mobilisation sociale est une action ressentie par la base ; les populations doivent reconnaître le problème auquel elles sont confrontées, être convaincues de la nécessité de l'éradiquer.

II.2- Auto analyse

La mobilisation sociale est basée sur la réflexion et la concertation des acteurs : il ne s'agit pas d'apporter des réponses stéréotypées et préconçues mais au contraire faire en sorte que les idées et solutions résultent de la population elle-même.

II.3- Appropriation

Les populations doivent logiquement s'approprier la cause défendue qui vise à résoudre le problème. Elles seront dès lors plus promptes à mobiliser leurs moyens propres (financiers, humains, matériels).

II.4- Responsabilisation

La mobilisation sociale est basée sur le principe de responsabilisation : il convient en effet de confier aux individus des prérogatives et actions à mener afin qu'ils soient pleinement intégrés au projet en cours. Il faut en faire des acteurs et non de simples spectateurs.

II.5- Solidarité

La mobilisation est un acte de solidarité, elle implique la participation et la bonne volonté de tous, ainsi que la mutualisation des efforts et des énergies : chacun œuvre pour l'amélioration de la situation de tous.

II.6- Apport de savoirs et connaissances

Si l'on veut pouvoir confier des responsabilités à certaines personnes, il faudra sûrement envisager des transferts de connaissances et de compétences à leur profit. Les individus doivent être en mesure d'assumer pleinement leurs responsabilités et pour cela ils doivent pouvoir accéder à toutes les informations utiles, voire bénéficier de formations particulières.

II.7- Respect du savoir local

Au niveau local, les populations ont des savoirs découlant d'expériences de plusieurs générations. La connaissance de ces savoirs locaux doit permettre de mieux orienter une action de mobilisation sociale si on veut que les populations concernées s'y retrouvent.

III. Populations concernées

Les populations concernées regroupent toutes les personnes physiques et entités morales interpellées directement ou non par le thème de la mobilisation sociale, et qui sont en mesure de participer au changement de la situation, qui ont une influence sur les populations, ou au contraire qui pourraient freiner le processus. C'est donc toute la société, la communauté qu'il convient de mobiliser. Parfois, la mobilisation peut porter sur un groupe social en particulier, par exemple les femmes, les jeunes, les syndicalistes, les étudiants, etc. Les populations concernées sont toutes les personnes qui partagent une même réalité, qui sont confrontés aux mêmes problèmes et difficultés. Il convient de faire prendre conscience aux groupes et aux individus des enjeux et du bien-fondé de la mobilisation.

III.1- Qui peut mobiliser la population ?

Pour atteindre un maximum de personnes, il est possible de se tourner vers des acteurs organisés qui pourront servir de relais au message à faire passer. On peut ainsi mobiliser:

III.2- Les ONG

Elles sont devenues des acteurs incontournables. Grâce à leur capacité de mise en œuvre d'action participative, d'intervention rapide, de flexibilité dans l'action, elles ont beaucoup contribué à l'amélioration de situations problématiques, voire catastrophiques. Il est important d'amener les ONG à s'impliquer dans des programmes afin que celles-ci puissant attirer l'attention sur leurs réalisations, mener des activités de lobbying.

III.3- Les organisations communautaires de base

Amener ces groupements à s'approprier une cause permet un gain de temps et une adhésion automatique de tous les membres. Les organisations communautaires de base permettent de toucher et de sensibiliser une grande partie de l'opinion car elles sont bien implantées localement et reconnues par les individus; leur participation à la mobilisation peut susciter la confiance et attirer de nouvelles personnes. De plus, à elles seules, elles peuvent prendre en charge et mettre en œuvre un vaste programme de mobilisation sociale.

III.4- Les leaders syndicaux et organisations professionnelles

Les syndicats influent beaucoup sur les politiques sociales et sanitaires. Ils peuvent donc être amenés à élaborer des stratégies efficaces de mobilisation.

N.B. : *La mobilisation sociale doit rester une initiative populaire; les bureaux d'études, ONG et autres ne doivent pas s'y substituer et apporter leur conception et solution du problème à la place de la communauté.*

IV. LES ÉTAPES DE LA MOBILISATION SOCIALE

IV.1- Identifier un problème

Il existe plusieurs méthodes de diagnostic participatif (Méthode Accélérée de Recherche Participative.) qui permettent en un temps très court de cerner tout ou partie des problèmes d'une communauté donnée. Ces méthodes ont l'originalité et le mérite d'impliquer pleinement les populations dans le processus de collecte, d'analyse et d'interprétation de l'information. Les problèmes sont donc identifiés par les populations concernées elles-mêmes et des solutions tenant compte de leurs propres préoccupations et de leurs conditions socioculturelles et économiques sont élaborées. Il est impératif d'amener les populations à prendre conscience par elles-mêmes d'une situation ou d'un problème et à développer des stratégies pour remédier à cela. Le meilleur développement ne pourra venir que des communautés bénéficiaires.

IV.2- Créer un groupe d'initiative communautaire

Il s'agit ici d'identifier les personnes dans la communauté capables d'être les « porteurs du projet ». Ces personnes doivent remplir un certain nombre de critères et sont choisies en fonction du but recherché. Les critères de sélection sont :

- Résider dans la localité ;
- Être choisi par la population ;
- Être disponible ;
- Avoir des capacités en matière de communication ;
- Avoir déjà une ou plusieurs expérience(s) de terrain ;
- Être alphabétisé/ avoir un certain niveau d'étude ;
- Ne pas avoir d'idées opposées au projet.

Il y a lieu de veiller à la bonne représentativité des hommes et des femmes, des jeunes et des personnes âgées. Il doit y avoir une mixité au sein de ce groupe.

Cependant, la mixité peut aussi être porteuse de non-dits, peut introduire des biais. Il faut donc constituer les groupes judicieusement pour permettre à chacun de s 'exprimer librement. Par exemple, on ne mettra pas dans un même groupe des mères et des jeunes filles pour discuter de la santé sexuelle et reproductive.

N.B. : *Il faut se méfier d'une éventuelle récupération du groupe au profit d'intérêts privés ou contraires à l'objectif de la mobilisation sociale.*

IV.3- Former le groupe sur l'importance de la mobilisation sociale

Il s'agit ici d'amener les membres du groupe d'initiative à avoir le maximum d'informations sur le problème qui est au cœur de la mobilisation sociale. Il est important de leur donner le plus de données fiables possibles, de leur expliquer les causes. Il est également nécessaire de leur faire prendre conscience des conséquences de l'inaction. Il conviendra d'amener le groupe d'initiative à réfléchir sur des questions telles que:

Pourquoi la communauté doit-elle se mobiliser ? Comment les acteurs doivent-ils se mobiliser ? (Répartition des rôles) Comment s'effectue la mobilisation ? (Démarche à suivre, plan d'action...) Où se fera l'activité de mobilisation sociale ? Quels sont les objectifs à atteindre ? Quels sont les résultats attendus ?

IV.4- Informer et sensibiliser la population sur l'importance de la mobilisation sociale

Dans le but d'engager le plus possible les populations bénéficiaires dans le processus de réflexion et de mise en œuvre de l'activité de mobilisation sociale, il est nécessaire de mener une sensibilisation et une animation les plus larges possible au sein de ces populations.

Cela leur permettra de mieux s'approprier le projet qui doit devenir véritablement « LEUR PROJET ».

IV.5- Elaborer un plan d'action communautaire

Le développement d'un plan d'action est une démarche structurée qui permet à votre partenariat intersectoriel de tracer un itinéraire détaillé et de préciser les meilleurs chemins à emprunter pour parvenir à bon port. Cet outil de mobilisation vous aide à traduire le mobile que vous poursuivez en une série d'actions concrètes, vous permettant ainsi d'atteindre plus efficacement les résultats souhaités.

En d'autres termes, la définition et la réalisation d'un plan d'action sont le processus qui permet d'atteindre les résultats souhaités en tenant compte de la situation présente. C'est un exercice essentiellement collectif et rassembleur. Il permet d'offrir une structure et une orientation à votre partenariat, de négocier collectivement des actions à entreprendre ainsi que de la mise en œuvre de celles-ci. Cela permet surtout de mobiliser une communauté derrière des objectifs et des actions communes.

Il est fortement recommandé d'avoir, dès le début, une vision claire de ce qu'il va falloir faire et de comment le faire. C'est pourquoi l'élaboration d'un plan action s'impose. Il existe plusieurs avantages à mettre au point un plan d'action :

Éviter les confusions dans les activités et sur les étapes du déroulement du projet ;

Connaître le niveau d'avancement de l'activité à chaque étape.

Faire en sorte que tous les acteurs identifient clairement quel rôle ils doivent jouer ;

Le plan d'action doit être simple et contenir des informations précises à mettre en œuvre selon un calendrier précis. L'élaboration du plan d'action doit amener les populations à minimiser les coûts des activités et à les prendre en charge.

Ainsi, l'activité ne sera pas complètement dépendante des financements extérieurs pouvant retarder sa mise en œuvre. Cela permettra également de mettre en place un processus de pérennisation de l'action en la rendant plus autonome.

IV.6- Informer les acteurs responsables dans la mise en œuvre du plan d'action

Les responsables d'un programme de mobilisation sociale doivent être formés sur les méthodes actives de la participation communautaire. Il s'agit ici de les amener à avoir les compétences et les aptitudes nécessaires pour inciter les communautés à s'engager dans des projets/ programmes de mobilisation sociale. La formation sur les techniques de communication interpersonnelle et de masse pour le changement de comportement (IEC/CCC) leur permettra de mieux définir les messages et des supports d'appui, d'identifier les cibles et les canaux de communication les plus appropriés. Il sera également nécessaire de dispenser une formation concernant la cause sur laquelle se fonde la mobilisation sociale.

IV.7-Préparer la stratégie de communication

Il s'agit d'une étape très importante, puisqu'elle permettra de susciter l'intérêt et la curiosité de la société civile, d'élaborer les messages clefs, pertinents et percutants sur un sujet donné. Il s'agira par exemple:

- De mettre en avant des chiffres alarmants
- De relater des faits marquants
- De mettre au point un slogan percutant

IV.8- Mobiliser les ressources pour la mise en œuvre du plan d'action

Il convient de s'assurer, avant le démarrage du projet, que les moyens prévus pour la mise en œuvre du plan d'action sont disponibles, prêts à être employés. Ces moyens sont:

- HUMAINS : former les ressources humaines impliquées dans l'activité ;

- MATERIELS : procéder à l'acquisition des supports nécessaires (promotionnels, de sensibilisation, de formation) et autres moyens de communication.

- FINANCIERS : afin de pouvoir faire face au paiement des indemnités, aux coûts des formations.

Tous ces moyens doivent être mobilisés et utilisés dans le but de la pérennisation des activités. Il faut travailler sur le long terme, être prévoyant et inscrire son action dans le temps.

IV.9. Identifier les mécanismes de pérennisation de la mobilisation

Afin de rendre la mobilisation sociale pérenne, il faut tendre vers :

- La mise en œuvre de stratégies participatives souples qui utilisent peu de moyens disponibles localement.

- Un transfert de compétences en termes de formations en communication interpersonnelle et de masse sur la problématique de la santé maternelle et infantile.

- La mise en place d'un matériel d'information, d'échange de communication/ Communication pour le changement de comportement pour la communauté disponible à tout moment ;

- La dotation d'un matériel audiovisuel qui permette de susciter l'intérêt de la communauté, surtout en milieu rural où les populations ont rarement accès à de tels moyens.

- La mise en place des ressources matérielles utiles pour les activités de mobilisation sociale et qui peuvent être louées pour générer des ressources financières (chaises, bâches, matériel de musique, sonorisation, vidéo projecteur, etc.)

- Le financement d'autres activités génératrices de revenus dont les bénéfices serviront à financer les activités de mobilisation sociale.

- L'utilisation des ressources générées par la location du matériel pour motiver les relais et étendre les activités.

IV.10. Organiser le suivi et l'évaluation de la mobilisation sociale

Suivi : Il importe de contrôler la bonne mise en œuvre de la stratégie de mobilisation sociale, de s'assurer que les activités définies dans le plan d'action sont effectivement exécutées selon les termes de référence et que le calendrier est respecté. Il s'agira aussi d'effectuer un suivi des activités de mobilisation pour juger l'évolution du programme par rapport aux objectifs retenus.

Évaluation : Une évaluation doit être de rigueur à la fin de chaque programme, projet ou activité de mobilisation sociale. Elle doit permettre de savoir :

- Si les activités ont été toutes bien exécutées ;
- Si les résultats attendus ont été obtenus ;
- Les difficultés rencontrées en cours d'exécution ;
- Les meilleures pratiques en termes de mobilisation ;
- Les solutions apportées ;

Des indicateurs doivent être définis, dès la mise en route du projet, afin de mesurer si la mobilisation sociale perdure ou non ; il peut s'agir :

Du nombre de personnes présentes aux réunions relevé à différentes périodes ;

Du degré de connaissance des acteurs sur le thème de la mobilisation ;

Du niveau d'implication des porteurs du projet ; Etc.

Finalement, une telle planification permet au partenariat intersectoriel de concentrer ses efforts et de garder le cap. Mais il ne faut pas l'oublier, la planification est un outil et non une fin en soi. Ce sont les personnes et leur volonté d'agir qui viendront dynamiser le plan d'action et assurer sa réussite.

IV.11- Mettre en place des mécanismes de communication facilitants

Le partenariat intersectoriel est composé de partenaires d'origine, de compétences, de points de vue et de milieux diversifiés. Aussi, l'efficacité du groupe reposera sur sa recherche et son acceptation des différences entre les valeurs et les idées des personnes qui la composent. Pour bien interagir, le développement de mécanismes de communication facilitants devient essentiel. Les partenaires auront avantage à y consacrer du temps pour clarifier les attentes, les moyens privilégiés et les mécanismes retenus. Dans le contexte d'un tel partenariat, les communications deviennent particulièrement importantes à différents niveaux :

- Pour communiquer efficacement avec les partenaires afin de bénéficier de relations interpersonnelles agréables et harmonieuses au sein du groupe ;

- Pour faire circuler l'information entre les partenaires impliqués;
- Pour continuer de recevoir des appuis;
- Pour faire connaître le projet dans la communauté.

De plus, les capacités à écouter et à donner du feed-back deviendront les deux habiletés de base fort importantes à maîtriser afin d'assurer une bonne dynamique de groupe.

IV.12- Mettre en place des mécanismes d'évaluation participative

La mobilisation est un processus en perpétuel mouvement. Il est important de s'accorder des temps d'arrêt pour vérifier si vous êtes toujours guidés par votre mobile et en voie de réaliser les actions souhaitées, ou si vous êtes partis à la dérive… Il s'agira alors de faire les ajustements nécessaires. Soulignons que dans le contexte d'une démarche de mobilisation, l'évaluation se concentrera autant sur les résultats atteints que sur le processus lui-même. Elle permettra de vérifier différents aspects :

- Les liens de collaborations entre les partenaires;
- L'engagement des partenaires;
- Les apprentissages réalisés;
- Les impacts de la mobilisation.

Soulignons qu'une approche d'évaluation participative est centrée davantage sur la participation active des partenaires, où chacun joue un rôle actif et où la grande part de responsabilité du processus d'évaluation est portée par les partenaires (principe de faire avec). Étant planifiée et mise en œuvre avec les partenaires, l'évaluation est collective, flexible et transparente. Elle est aussi plus sensible aux intérêts, valeurs, besoins, requêtes et attentes des acteurs impliqués.

V. LES ACTEURS DE LA MOBILISATION

V.1- Les partenaires et la coordination

Les différents partenaires sont les principaux acteurs de la mobilisation et chacun est responsable des résultats de cette mobilisation.

Ainsi, chacun devient un « ambassadeur » du projet. Même si la mobilisation repose sur l'engagement ferme et concerté de divers leaders et partenaires de la communauté, ceux-ci ne peuvent y consacrer toutes leurs énergies, car ils occupent déjà des rôles divers au sein de la communauté. Ils doivent alors pouvoir compter sur une personne qui les secondera quotidiennement et viendra orchestrer les actions de chacun.

Au sein du partenariat, la personne qui assume le rôle de coordination de cette mobilisation viendra assurer la pleine participation de toutes les personnes concernées. Elle sera appelée à stimuler, à encourager et à canaliser l'énergie de chacun. C'est elle qui viendra faciliter le processus de mobilisation.

V.2- Les habiletés requises

Les principales habiletés de la personne qui anime la coordination du projet sont, notamment, en animation et en communication. Il lui faut apprendre à être un facilitateur qui est capable de :

- Exercer un leadership ;
- Animer des réunions ;
- Faire preuve de rigueur ;
- Avoir un esprit de synthèse ;
- Avoir un bon sens de l'observation ;
- Avoir de l'écoute ;
- Savoir résoudre des conflits ;
- Donner du feedback efficace.

Un bon facilitateur permettra aux idées des partenaires d'émerger et de se conjuguer. Ayant les objectifs en tête, cette personne évitera de prendre position et tiendra compte de ce que les autres apportent pour accompagner les partenaires vers une action concertée. De plus, les objectifs et les rapports avec autrui ont beaucoup d'importance. Tant au cours d'animation de rencontres, de représentations que dans le cadre de rencontres avec les partenaires, on jongle souvent avec deux éléments : l'objectif de la rencontre et le rapport avec la personne. Afin de bien mobiliser sans froisser, il importe de conserver des relations interpersonnelles harmonieuses, tout en visant le maximum d'efficacité au niveau des résultats visés. Pour y arriver, il faut user de tact, animer avec diplomatie et susciter la plus grande collaboration possible de la part de ses partenaires, le travail d'équipe étant alors la clé du succès. Il lui faut également bien connaître et comprendre les caractéristiques principales de sa communauté afin que les solutions proposées soient efficaces, durables et mobilisatrices.

V.3- Les conditions de succès

Le premier défi d'une mobilisation réussie, est de la maintenir. Donc, lorsque l'excitation et l'enthousiasme de départ sont passés, il faut savoir garder le partenariat mobilisé et engagé. Pour assurer ce maintien, quelques conditions de succès existent :

- Etre ouvert à la participation de nouvelles personnes;
- Etre ouvert aux idées nouvelles;
- Etre visible;
- Etre accessible;
- Etre capable de revoir et d'adapter son plan d'action au besoin;
- Prévoir une relève au niveau de la participation des partenaires;
- Prévoir un financement suffisant;
- Etre capable de prévenir et gérer les conflits qui surviennent;
- Etablir des relations de confiance et de respect;
- Faire des exercices de bilans collectifs;
- Fêter ses réussites.

V.4- D'autres défis

Le maintien de la constance et de la continuité pour éviter l'essoufflement. La création d'une réelle synergie entre les acteurs et les organisations œuvrant dans des secteurs d'activités diversifiés (le choc des cultures).

- La surabondance des lieux de concertation.
- Le manque de disponibilité de certains partenaires.

- Le temps exigé par l'empowerment : reconnaître pleinement le potentiel et le leadership des personnes et leurs compétences à décider et à agir, même si cela prend plus de temps.

Toutefois, lorsque les défis sont rencontrés et la mobilisation maintenue, les avantages d'une mobilisation efficace sont nombreux :

- La légitimité de la démarche est augmentée.
- L'impact social et politique est notable.
- Les chances d'atteindre l'objectif sont augmentées.
- La capacité à accomplir toutes les tâches pour atteindre cet objectif augmente.

Quelques actions de lutte contre la pauvreté

Actions gouvernementales

Créés par décret n° 94.134 du 30 mars 1994 et financés sur fonds propres, les fonds sociaux sont des prêts consentis par l'Etat aux chômeurs, aux femmes, aux déscolarisés et aux jeunes diplômés ivoiriens sur la base de la viabilité d'un projet présenté. Le bénéficiaire doit faire un apport personnel en espèces ou en nature de 5 % du coût total du projet.

❖ Les fonds sociaux suivants ont été mis en place par l'Etat ivoirien:

❖ Le Fonds national de la jeunesse (FNJ) accorde des prêts de 5 millions de francs CFA aux jeunes déscolarisés ou non scolarisés.

❖ Le Fonds de diversification agricole et de promotion des exportations (FDAPE) consent des prêts d'un montant de 5 à 10 millions de francs CFA et s'adresse aux exploitants de cultures vivrières.

❖ Le Fonds d'installation et d'appui aux initiatives des jeunes agriculteurs (FIAIJA) accorde des prêts d'un montant de 5 à 10 millions de francs CFA et sert à financer les activités agro-pastorales.

❖ Le Fonds d'insertion et de réinsertion des jeunes diplômés et des déflatés des secteurs publics et privés (FIJDRD) accorde aux chômeurs et aux jeunes diplômés sans emplois, regroupés ou non en association ou en société et inscrits à l'Agence d'études et de promotion de l'emploi (AGEPE) des prêts d'un montant de 8 à 15 millions de francs CFA.

❖ Le Fonds Femme et développement. (FNFD) finance les activités des femmes. Le montant des prêts varie entre 2 et 3 millions de francs CFA.

❖ Le Fonds de création artistique et culturelle (FIAC) concerne le monde des arts et consent des prêts de 1 à 20 millions de francs CFA.

Les autres programmes et projets initiés par l'Etat sont orientés principalement vers les secteurs agro-pastoraux. Ce sont:

- Le Fonds d'insertion de la jeunesse de la CONFEJES (FIJ),

- Le programme de création de micros entreprises,

- Le projet Opération commerçants ivoiriens modernes (OCIM),

- Le programme d'appui aux jeunes exploitants agricoles dans les zones de savane,

- Le programme de développement de l'hévéaculture et de la culture du palmier à huile dans la moyenne vallée de la Comoé,

- La contribution du projet de développement rural intégré de la région forestière ouest (BAD-Ouest) à la promotion des jeunes exploitants agricoles,

- La contribution du projet Nord-est à la promotion des jeunes exploitants agricole,

- Le programme de développement des coopératives forestières,

- La contribution des projets élevage BAD II à la promotion des jeunes exploitants agricoles,

- Le programme d'exploitation. clé en main.

- Le programme de plantation de la canne à sucre villageoise,

- Le programme de production de semences et plants pour la campagne 1998,

- Le programme pilote de petits projets en milieu rural,

- Le Fonds de promotion des petites et moyennes entreprises agricoles (FPPMEA),

- Le programme d'insertion des jeunes ruraux.

Chapitre III
MIGRATIONS INTEGRATION DIFFERENCIATION SOCIALE

La vie des individus, celle des communautés, des sociétés est ponctuée par la curiosité qui se traduit chez les populations par une soif de l'ailleurs, une volonté d'aller pour de multiples et complexes raisons à la découverte de ce que l'on veut connaitre. Le déplacement est la résultante d'une incitation, voire une auto-incitation à aller de l'autre côté du globe, un havre de paix, une terre d'accueil pour les exilés, un espace propice à la construction d'une autre vie, un endroit qui exerce sur l'homme un attrait du fait des paysages naturels. Somme toute, beaucoup de facteurs militent en faveur du déplacement à effectuer du fait de l'incitation au départ et à l'attirance qu'exercent les contrées lointaines sur les acteurs sociaux.

Dans son article, Jenny Miggins (2008,1) a écrit que « la population permanente de Terre-Neuve et du Labrador connut une croissance rapide au cours de la première moitié du 19è siècle ; en grande partie en raison de l'arrivée d'immigrants anglais, Irlandais et écossais. »

Partant de cette migration des populations vers les nouveaux horizons, les nouvelles terres, Miggins (2008) ajoute encore un autre argument à l'explication qu'il donne de la ruée vers les espaces comme l'île de Terre-Neuve et le Labrador. Les raisons sous-jacentes aux déplacements des populations sont plurielles. En effet, pour lui, « de nombreux facteurs incitaient les immigrants à quitter leur pays [...]. La surpopulation dans de nombreuses villes britanniques poussa à l'exil une partie de leur population, tandis que d'autres groupes voulaient échapper aux difficultés économiques causées par les mauvaises récoltes et les pertes d'emplois attribuables à la mécanisation, à l'effondrement de certaines industries locales et à d'autres facteurs. » (Thomas Richardson : 1946,365)

Si les populations se déplacent, elles rencontrent très souvent des difficultés liées à leur arrivée sur un espace qu'elles ne connaissent pas toujours mais aussi comment procéder pour se faire accepter sur ledit lieu et s'y installer cela réveille le vieux débat de l'intégration sociale des communautés migrantes. Cette idée de résider que ce soit en permanence ou de manière temporaire met en exergue les mécanismes mis en place par la société, la communauté d'accueil pour accepter de partager un espace avec d'autres populations.

Cela n'est pas toujours évident car les exemples foisonnent dans la vie où des peuples entiers sont confinés dans des espaces qui fonctionnent comme des enclaves culturelles, économiques dans lesquelles une politique ségrégationniste, discriminatoire ou de rejet les laisse à la lisière de ladite localité comme on le voit avec les Rohingyas en Birmanie. C'est là que le problème de la différenciation sociale prend dans certains cas les allures d'une ségrégation, d'une sorte d'apartheid, d'un regroupement en réserve ou en désignation classificatoire d'aborigène en Australie, ou de bantoustans en Afrique du Sud.

Comment appréhender la réalité sociale de la migration, son évolution et sa transformation dans le temps et dans l'espace mais aussi son prolongement à travers les ressorts d'une politique d'intégration ? L'intégration est de plusieurs formes et si elle est différemment comprise par les hôtes et les migrants, elle laisse quand même apparaître la différenciation sociale au sein des sociétés. Tel est ce que notre enseignement se propose de comprendre et d'expliquer.

I. La migration à travers les espaces et le temps

Le concept de migration est un terme générique qui désigne une réalité qui depuis l'avènement de l'homme sur terre a évolué, traversant les localités, les espaces, les pays et même les continents. Partant, il faut donc retenir que la migration est une réalité sociale, un fait de société dont l'impact et les implications plongent dans la nuit des temps au point de se confondre à des préceptes religieux qui ont toujours guidé les conduites des individus, des acteurs sociaux. Nul parmi les composantes des sociétés n'est à l'abri de la migration. Autant le nouveau-né et le bébé voyagent dans les bras ou sur le dos de leurs parents, autant les jeunes (quel que soit leur sexe), que les adultes hommes ou femmes, de même que les personnes du troisième âge, tout le monde connait ce que c'est que le déplacement d'un point A à un point B, d'une localité, d'un pays, d'un continent à un autre. D'ailleurs au 21ème siècle la recherche spatiale et aéronautique n'envisage-t-elle pas la perspective comme le pense Thomas Pesquet (2017) le spationaute français d'aller vivre sur une autre planète ?

En somme le besoin de migrer devient comme un « leitmotiv » et les êtres sociaux adhèrent à des projets d'aller s'installer ailleurs. Cet ailleurs que l'on cherche à découvrir mais aussi là où on espère et même où, on entend résider !

Philip Chempakassery Théologien au Grand Séminaire de Trivandium dans l'Etat de Syro-Malankar en Inde a en parlant de la migration, écrit ceci : « L'Ancien Testament n'a pas une parole précise pour traduire le terme migration, quoique le message central, spécialement dans le Pentateuque, regarde Dieu qui dirige et mène à destination un peuple qui est en train de vivre un processus migratoire. La parole « nasa » est souvent traduite par le terme « migro » dans la nouvelle version de la Bible (ex. Génèse 11v2) ;

cependant, ce mot peut être entendu aussi comme « voyager », « faire un voyage », « partir » etc. C'est pourquoi l'idée de migration ne peut pas être affrontée de manière satisfaisante au point de vue de la terminologie. Cependant nous devons admettre que le sujet central du Pentateuque est la migration. »

Alors, ipso facto la Sainte Bible montre que la migration a toujours été le propre de l'homme. Cependant s'il est bon de migrer pour aller trouver ailleurs ce dont on a besoin et là où la volonté de Dieu conduit l'individu, le Saint Coran l'exhorte dans son entreprise orientée vers le déplacement à adopter le comportement qui prend en compte les valeurs, les normes du pays d'accueil. En effet dans le verset 205, il est écrit en parlant du migrant : « Dès qu'il tourne le dos, il parcourt la terre pour y semer le désordre et saccager culture et bétail. Et Dieu n'aime pas le désordre. » Le sens de ce verset est de dire aux individus qui migrent, de respecter les us et coutumes du pays d'accueil en adoptant le comportement conforme à la culture du pays hôte. Comme le dit un prédicateur et exégèse musulman, « Tel le caméléon, devenez invisible, car cela est l'Islam. Non un système culturel, mais un système de valeurs. Or le faux monde musulman qui n'est musulman que de nom, faisant d'eux les pires infidèles que les plus infidèles, sont une bande de menteurs à fuir de toute urgence, car ils bafouent le Coran et ne respectent pas leur propre religion en créant des problèmes là où le Coran les règle. »

Le désordre qui est engendré par la migration se retrouve dans une réflexion du Frère Philip Chempakassery lorsqu'il parle de la première migration dans l'univers. Elle a été le fait des premières créatures de Dieu à savoir Adam et Eve qui sont à la base du péché originel. En effet, « Dieu avait tout préparé pour la vie de l'Homme dans le jardin d'Eden que lui-même avait créé. A l'homme qu'il place dans le jardin, il confie des devoirs précis. Cependant, Dieu ne l'abandonne pas, au contraire, il continue à pouvoir à ses besoins […]. La solitude est résolue avec la création de la femme. Mais il y a ensuite le péché, à cause duquel le jardin n'est plus l'endroit idéal pour la vie de l'homme. Par conséquent, Dieu l'éloigne du paradis. Et cela est la première migration humaine. Le péché de désobéissance fait de l'homme un migrant à la recherche d'un autre lieu où il puisse vivre. Puis un autre péché entre dans la vie de l'homme : le fratricide (meurtre d'un frère). Et Caïn aussi devint un fugitif migrant dans la terre de Nod ». (Génèse 4,6).

De tout ce qui a été dit supra, il faut retenir que la migration vient du péché originel mais aussi de la rivalité haineuse d'Abel et de Caïn. C'est le lieu de souligner que d'autres facteurs apparaissent comme les catalyseurs de la migration, entrainant les hommes et les femmes dans des conditions différentes vers des espaces où ils espèrent résider et construire leur trajectoire sociale.

Thomas Richardson en parlant de la migration précise que : « les facteurs d'incitation au départ encouragent les gens à quitter leur lieu d'origine et à s'établir ailleurs, tandis que les facteurs d'attirance amènent des migrants à s'établir dans de nouveaux secteurs. Par exemple, le chômage élevé est un facteur courant d'incitation au départ, tandis qu'une offre abondante d'emplois est un important facteur d'attirance. Bien qu'il soit impossible de savoir précisément pour quelle raison chaque immigrant décida de quitter son pays […] il est possible de dresser un portrait global des facteurs d'incitation au départ qui amènent certains immigrants à quitter leur lieu d'origine. » (2001,2). Selon les travaux des chercheurs sur les migrations et autres déplacements des populations, il faut identifier de nombreuses raisons qui expliquent le départ des individus voire des communautés vers l'ailleurs. S'agissant de la Côte d'Ivoire, la constitution des gîtes d'étapes et le commerce transsaharien de la cola, des métaux précieux et des autres produits du cru ont occasionné la migration des populations de l'hinterland vers la Basse Côte et la zone forestière.

A ces facteurs de migration, il faut ajouter les difficultés économiques et sociales, les guerres fratricides pour le pouvoir comme celles que le royaume Ashanti du Ghana a connu, jetant sur la route de l'exode une partie du peuple qui va se retrouver par la force des choses en Côte d'Ivoire, et donner ainsi naissance à l'une des plus grandes des communautés, le groupe ethnique Akan conduit par la Reine Pokou dans toute sa diversité. Dans leurs enquêtes selon Yves Person et Joseph Ki-Zerbo , Samori a provoqué beaucoup de migrations forcées des populations des localités qu'il traversait, semant l'assujettissement, la fuite, la dispersion ou alors la soumission à son autorité de conquérant.

La construction des grandes infrastructures comme les ports d'Abidjan et de San-Pedro, la régie du chemin de fer Abidjan-Niger, le percement du Canal de Vridi, les grands travaux de créations des plantations avec les cultures pérennes du café, du cacao, du palmier à huile, de l'hévéa, de l'ananas, de l'anacarde vont drainer les populations vers le trois fronts pionniers. Il s'agit du Sud, du Centre Ouest et de l'Ouest de la Côte d'Ivoire. En parlant de la culture arachidière, Jean Copans a montré que des populations du Sud-Ouest du Burkina Faso, de l'Ouest du Mali ont été déplacées pour aller grossir les effectifs des bras valides dont les autorités coloniales avaient besoin pour produire des matières premières que réclamaient leurs industries pour leur développement.

La vallée du Niger autour du barrage de Markala dans la région de Ségou (Mali) a permis la création des grandes superficies emblavées au niveau de la riziculture irriguée qui a vu les populations du Burkina Faso, par contingents entiers aller engendrer la colonie qui devait constituer les premiers ouvriers agricoles spécialisés dans la production des céréales au compte de l'Office du Niger depuis la période coloniale.

Les colonisateurs français, anglais, espagnol, allemand et portugais se sont signalés à travers les grands projets de construction des infrastructures en Afrique en convoyant comme cela a été le cas des bras valides d'un pays vers un autre à travers la construction par Ferdinand de Lesseps du Canal de Suez entre l'Egypte et Israël, celle du barrage de Markala au Mali, du barrage hydroélectrique d'Assouan sur le Fleuve Nil, du Port de Luanda en Angola, du chemin de fer du Benguela entre la République Démocratique du Congo, du Congo Brazzaville et l'Angola. Cette expérience s'est répétée aussi pour les Ports de Harcourt et de Lagos au Nigeria.

La pression démographique galopante des jeunes Etats africains, les ravages des épidémies de fièvre jaune, de la tuberculose, de la peste, de la Trypanosomiase, de la bilharziose, de l'ulcère de burulis, des maladies hydriques, du choléra, de la lèpre, les accès palustres, des vers de Guinée et des pathologies invalidantes ont déplacé les sites des capitales poussant des communautés à la migration.

Que doit-on retenir de la migration ?

« Migration, émigration, immigration, exode, exil, déplacement, départ (massif), voyage rappellent la même réalité selon l'angle sous lequel l'on se situe et apprécie le fait. L'immigration continue et massive de nos jours est en phase de transformer la nature et la composition des populations des pays du Nord (pays qui reçoivent en général) et aussi celle des pays du Sud (pays qui s'appauvrissent de ses fils et filles) car la migration est liée à l'identité culturelle des deux entités (pays hôte et pays d'origine). » (Koné Issiaka : 2015,8). L'immigration selon Patrick Hunont (1999) « En Amérique du Nord, des projections récentes ont établi qu'à l'horizon 2050 la population blanche ne représenterait plus qu'une précaire majorité de 53 % ». (Koné Issiaka : 2015,8)

L'immigration a toujours occupé une place considérable dans l'histoire primitive et récente des peuples. Elle est située dans l'espace : migration vers [...] ; liée : migration de [...] et caractérisée : immigration économique, sociale ou culturelle ; forcée ou volontaire, légale ou illégale, individuelle ou collective, stratégique ou opératoire, choisie ou repoussée, courte ou de longue durée, permanente ou saisonnière, zéro ou par quota. En somme, l'immigration n'est ni isolée, ni une histoire figée. La migration s'accompagne toujours de politique pro ou anti-immigration des pouvoirs publics des pays d'accueil. En clair, l'Etat joue un rôle dans la construction de « l'étranger » (Koné Issiaka : 2015,8-9).

La migration que l'Europe connaît depuis quelques années avec les fronts intereuropéens des portugais, des espagnols, des Italiens, des hongrois, des roumains avec aujourd'hui l'arrivée massive des slovaques, les albanais, des turcs, des tziganes, des arméniens, des algériens, marocains, tunisiens et ouest africains a connu une poussée très forte, jetant dans les mers des individus désespérés que rien ne rebute dans leur volonté d'aller vers cette Europe au prix de mille et un risques et dangers à braver pour s'installer dans cet espace qui est perçu comme un eldorado. Depuis 2011, avec le déclenchement de la guerre de Syrie, la déstabilisation de l'Afghanistan et de l'Iraq ; on assiste à une ruée de ces populations vers l'Europe qui connaît des problèmes liés au vieillissement de sa population comme c'est le cas en Allemagne et dans une certaine mesure en France.

La population du monde connaît depuis quelques décennies du fait de l'arrivée massive des migrants un accroissement de manière galopante de sa population. Le brassage des peuples connaît à son tour ; une évolution vertigineuse. Avec cette arrivée massive des syriens, des afghans, des iraquiens, c'est la composition des groupes ethniques de l'Europe qui s'en trouve modifiée.Cela donne ainsi le jour à des formes, de métissages qui engendrent des citoyens de type nouveau avec la peau basanée, les cheveux de dravidiens et affichant un comportement à travers lequel se lisent des normes, des valeurs, une manière d'être qui puise ses racines dans l'hybridisme culturel.

Comment appréhender les conséquences de ces flux migratoires ? Comment les populations des espaces d'accueil se comportent-ils face à ce qui ressemble à un envahissement qui ne dit pas son nom ? Quelle conduite les citoyens du pays visité adoptent-ils ? Quelles dispositions vont favoriser la cohésion sociale, rehausser la chaine de valeur liée à la matérialisation de l'hospitalité ? Autant d'interrogations et de questionnement qui ouvrent le champ de l'intégration sociale. Comment les peuples se représentent les lois, dispositions, et normes en faveur de l'intégration des migrants.

II. L'INTÉGRATION SOCIALE : QUELLE RÉALITÉ?

Dans le Coran, la richesse des relations engendrées par la migration provient de la capacité des peuples à ouvrir les bras aux autres, à les accueillir. Cette forme des richesses, « [appartient également] à ceux qui, avant eux, se sont installés dans le pays et dans la foi, qui aiment ceux qui émigrent vers eux, et ne ressentent dans leurs cœurs aucune envie pour ce que [ces immigrés] ont reçus, et qui [les] préfèrent à eux-mêmes, même s'il y a pénurie chez eux. Quiconque se prémunit contre sa propre avarice, ceux-là sont ceux qui réussissent. » Coran Sourate Al-HASR (l'Exode) verset 59.

Tel est ce que le Saint Coran donne comme précepte de la manière dont il faut accueillir et intégrer socialement les migrants. Il faut leur donner même quand on connaît une période de disette et de période de difficultés. Partant, on comprend que la migration des individus se conjugue avec son corolaire qui est l'intégration sociale même si celle-ci s'inscrit dans une perspective temporaire ou un projet de long terme à travers la résidence permanente.

Cependant l'intégration sociale revêt des formes qui se matérialisent à travers les processus s'étalant sur une période plus ou moins longue. « L'historien Ageron estime qu'il y avait en France, au début du XXe siècle (1906-1907), quelques centaines d'immigrés nord-africains installée principalement dans les grandes agglomérations industrielles. Depuis, le cercle formé par les immigrés et les descendants d'immigrés originaires d'Afrique du Nord (...) n'a cessé de s'élargir pour atteindre, en 1999, environ trois millions de personnes dont 1 299 000 immigrés, 1 431 000 personnes de la deuxième génération et 269 000 personnes de la troisième. » (Michèle Tribalat : 2005,671-684).

Dans son étude de la migration à travers sa thèse de Doctorat, Monsieur Elhoussaine O. en parlant du cas de la France qui est un pays d'accueil pour les migrants économiques à l'instar de la Côte d'Ivoire écrit ceci : « les immigrations économiques [...] sont celles produites par l'activité industrielle qui a créé des zones demandeuses et d'autres fournisseuses de main d'œuvre. Comme le réservoir humain des campagnes s'est vite épuisé, l'exode rural a cédé la place à une immigration économique frontalière qui, à son tour, a été remplacée par une immigration internationale voire continentale. Le point commun de ces immigrations économiques ouvrières est qu'elles ont suivi un schéma classique, l'homme seul d'origine paysanne et dépourvu de toutes qualification professionnelle part d'abord, la femme et les enfants viennent ensuite. » (Elhoussaine O. : 2006,9)

Pour ce qui est de la Côte d'Ivoire, le tableau est similaire quand bien même l'expression activité industrielle doit prendre en compte les grands travaux de construction des ouvrages que sont la pose des rails, la percée du Canal de Vridi, la construction des voies de communication et des édifices publics sur toute l'étendue du territoire. A ceux-là il faut ajouter les chantiers des ports d'Abidjan, de San Pedro et de toutes les grandes superficies emblavées et mises au service du Cacao, du café, du palmier à huile, de l'hévéa et des nombreuses spéculations agricoles qui ont fait et font encore la richesse de la Côte d'Ivoire.

Dans son approche de la question de l'intégration sociale, le sociologue allemand Ferdinand Tönnies a élaboré la Théorie de la Communauté. Selon lui, « la communauté du sang (la famille patriarcale) la communauté de lieu (les relations de voisinage) et la communauté d'esprit (la conscience d'appartenir au groupe) sont les trois fondements [...] qui les lient les uns aux autres et qui permettent à certains d'intervenir spontanément dans les affaires des autres, même s'il s'agit d'affaire considérées dans la société moderne comme appartenant à la vie privée. » (Ferdinand Tönnies : 1944, 206) ouvrage cité par Elhoussaine O. dans sa thèse de Doctorat en Décembre 2006.

Avec Tönnies, la perception de l'intégration sociale transparaît dans la conception qu'il lui donne à travers l'agriculture qui est le domaine où l'économie communautaire s'investit le plus. Cette approche amène Elhoussaine à poser la question de savoir dans quelle mesure la théorie de Tönnies peut-elle nous éclairer pour comprendre le phénomène migratoire ? En effet, « l'individu, qu'il soit homme ou femme, enfant ou adulte, ne peut avoir une vie propre, même quand il s'agit des choses les plus intimes. Le membre de la communauté se fond complètement dans le tissu familial et économique ainsi que dans des habitudes et des croyances collectives. La vie des membres de la communauté se résume, selon Tönnies, au fait qu'ils ont tous ensemble [biens communs, maux communs, amis communs, ennemis communs]. L'individu au sens moderne et éthique du terme n'a donc aucune place dans l'organisation communautaire. » (Ferdinand Tönnies : 1944, 23). Cette perception de la constitution des enclaves sociales et culturelles au sein de leur espace de vie renvoie à l'idée que l'intégration sociale est vécue et réalisée différemment selon les continents, les pays, les villes et les localités. C'est ce qui transparaît de l'exemple de la région du Haut-Sassandra en Côte d'Ivoire.

L'occupation de l'espace dans la région du haut-Sassandra avec pour chef-lieu le département de Daloa, cité cosmopolite créée en 1873, la « cité des antilopes » est le prototype de la localité de l'intégration sociale. En effet, Daloa « avec une population de 319 427 habitants, composée essentiellement d'autochtones Bhété, Niaboua et Gouro, d'allogènes Baoulé, Sénoufo, Malinké ainsi que d'originaires de la CEDEAO et d'une forte communauté libanaise, syrienne et marocaine, elle est la troisième ville du pays après Abidjan et Bouaké. » (Gervais Olivier Tokoré : 2017, 4).

Toute la Côte d'Ivoire est à l'image de Daloa car depuis des siècles ce pays a accueilli des communautés venant de plusieurs fronts pionniers au niveau de la migration et elles se sont vues offrir des espaces et des paysages naturels qu'elles ont transformés pour s'y installer. Si cette cohabitation a connu des fortunes heureuses à travers une intégration sociale qui a donné des noms prestigieux à de nombreux opérateurs économiques, la politique, la culture aussi ont produit aussi des personnalités qui ont marqué et continuent de donner un cachet particulier à leur secteur d'activité en Côte d'Ivoire. Pour l'auteur de l'article cité supra, « Daloa est entièrement dans la zone forestière sempervirente, d'où le nom de "cité verte" [...]. Cet espace végétatif fait figure d'un échantillon des plus beaux domaines sylvestres de l'Afrique intertropicale. [...] la ville est de ce fait devenue un creuset d'accueil de populations immigrantes. » (Gervais Olivier Tokoré : 2017, 4).

Cependant, avec le temps et de nombreux facteurs comme les mutations sociales, les effets induits et pervers du changement climatique, la mise en cause des soubresauts conjoncturelles et structurelles du modèle de développement, la forte pression démographique vont perturber les projets d'intégrations sociales. L'apparition et la propagation de la précarité et ses corollaires que sont la pauvreté et la misère sociale, les conséquences de la mondialisation, et la baisse drastique des recettes d'exportation des matières premières vont pousser les pays traditionnels d'accueil à revoir leur politique migratoire et d'intégration sociale. Selon les pays, les continents, l'intégration sociale sera mise en crise car on va parler de migration économique, politique, « sociale et culturelle, forcée ou volontaire, légale ou illégale, individuelle ou collective, stratégique ou opératoire, choisie ou repoussée, courte ou de longue durée, permanente ou saisonnière, zéro ou par quota. » (Koné Issiaka : 2015,8)

De tout ce qui a été dit supra, la cohabitation et la coexistence pacifique vont voler en éclat et des considérations discriminatoires, exclusifs, confligènes avec des relents xénophobes comme ce qui se passe avec les Rohingyas, au Darfour (Soudan), en Syrie, en Iraq, en Lybie, en Afrique du Sud, en Hongrie, en Bosnie Herzégovine etc. car la liste est longue. Le concept et le dogme de la différenciation sociale vont impulser une autre dynamique à l'intégration sociale.

Pour nous résumer, retenons que le concept d'intégration sociale a été abordé par de nombreux chercheurs des écoles de sociologie, d'anthropologie, français, américains, canadiens, ceux de la couronne britannique, du Portugal, ceux de l'Allemagne. De ces différentes approches, il ressort qu'il faille appréhender l'intégration sociale sous deux angles. « Dans la tradition sociologique coexistent deux approches de l'intégration. La première s'intéresse à la société dans son ensemble et cherche donc à comprendre l'intégration de la société en tant que telle. La seconde privilégie le point de vue des individus ou des groupes et interroge leur intégration à la société. » (Beate Collet : 2006, 97). Dans son étude du mode d'intégration des individus, elle écrit ceci : « Si l'on compare les conceptualisations de l'intégration et de l'assimilation, de multiples points se recoupent. » (Beate Collet:*op. cit*, 100). Plus, loin elle ajoute : « En confrontant le concept d'intégration à celui de socialisation, on doit constater, [...] D'une certaine manière, la socialisation apparaît comme l'équivalent de ce que certains ont appelé, à la suite de Durkheim, l'intégration sociale.» (Beate Collet :*op. cit*, 101). Fort de tout cela, on ne peut que se demander quelle corrélation existe entre l'intégration et la différenciation sociale?

III. La différenciation sociale : Quelles configurations ?

Dans ce contexte que pouvons-nous retenir de la différenciation sociale ? L'intégration sociale présente plusieurs configurations plus ou moins originales qui ne sont cependant pas des "zones où réserves aborigènes de l'Australie" plus d'une certaine Amérique en parlant des "réserves de quelques communautés indiennes", voire de l'apartheid de l'Afrique du Sud d'une certaine époque. C'est le cas de la "cité des antilopes", surnom de la ville de Daloa qui a été et fait tout pour présenter le visage de la paix, de l'hospitalité, de la tolérance, de l'intégration sociale malgré quelques cas de conflits intercommunautaires de septembre 2002, de 2010, de la crise post-électorale de 2011.

La différenciation sociale se conjugue particulièrement à Daloa commune dans la quasi-totalité des régions de la Côte d'Ivoire du fait de la cohabitation et des brassages des populations. Cependant, « à Daloa, on vit surtout par communauté d'où les noms des quartiers qui renvoient aux populations qui l'habitent en majorité : quartier Baoulé, Dioulabougou avec ses sous-quartiers (Wolof, Ségou, Cissoko, Mossibougou). Attenant aux quartiers commerce Dioulabougou a été créé à l'origine par les Malinkés qui se sont installés autour du poste colonial dès sa création. Commerçants, ils ont constitué les principaux interlocuteurs de l'administration coloniale.

Pisteurs, trompeurs, ils ont payé le petit commerce. C'est le quartier qui a attiré les autres communautés de la sous-région qui se sont regroupées selon leur origine : maliens, guinéens, sénégalais, burkinabés. Encore aujourd'hui, Dioulabougou garde cette configuration. » (Gervais Olivier Tokoré : 2017, 4). Ici toute chose étant égale par ailleurs, ipso facto, « l'intégration selon cette vision doit ainsi être conçue comme un processus de différenciation sociale conduisant la communauté immigrée d'un cercle restreint différencié de la société globale vers un cercle élargi indifférencié. » (Elhoussaine O. : Déc. 2006, 6-7)

A l'analyse de ce qui a été dit supra, il y a dans cette configuration un exemple d'intégration sociale avec une chaine de valeur qui met au centre des activités de l'homme l'hospitalité, le processus de socialisation à travers la différenciation sociale non confligène. Cette fortune heureuse à forte valeur ajoutée intégration/assimilation ou intégration/socialisation, (c'est selon !), n'est pas toujours ce que la vie sociale donne à voir. Parfois et dans de nombreux cas, la différenciation sociale prend des allures d'un violent rejet, d'une discrimination farouche et puissamment agressive et xénophobe.

Selon le journal français catholique, dans un article, il est écrit que les Rohingyas sont l'un des peuples les plus persécutés au monde. « Les Rohingyas, communauté apatride d'environ 1,3 millions de personnes, sont considérés par l'ONU comme l'un des peuples les plus persécutés au monde. Un an après son arrivée au pouvoir, Aung Sang Suu Kyi est accusée de nettoyage ethnique. » (Sarah Laoubi, article du vendredi 07 avril 2017 à 10h13).

Les Rohingyas sont un peuple de confession musulmane qui forme une enclave socio-politico-culturelle dans une population largement bouddhiste confinée dans des camps sur un espace engoncé entre l'ouest de la Birmanie au niveau de l'Etat de Rakhine, le Bangladesh, l'Indonésie voire la Malaisie. C'est justement vers ses pays qu'ils se ruent chaque fois qu'ils font l'objet d'exactions et de chasses-à- l'homme organisées en véritables battues! La différenciation sociale vient de la perception que le "peuple" « Bamar », Bouddhiste constitue le cœur de l'identité birmane. La loi sur la nationalité de 1982 spécifie que seuls les groupes ethniques apportant la preuve de leur présence sur le territoire avant 1823 (avant la première guerre anglo-birmane qui a mené à la colonisation, peuvent obtenir la nationalité birmane). Pour la Birmanie, les Rohingyas ne font pas partie des 135 minorités répertoriées, et ils ont toujours fait l'objet d'une ségrégation impitoyable de la part des bouddhistes birmans dans cette région du sud-ouest, soutenue et encouragée par le régime militaire. Elle les a donc laissés apatride. (Sarah Laoubi, *op. cit.*).

Le principe de différenciation sociale qui conduit les communautés Rohingyas vers l'apatridie et la négation de leur ancrage anthropologique et démographique à une ethnie de la Birmanie de l'Inde, du Bangladesh, de la Thaïlande, du Laos, de la Chine et du Vietnam trouve son explication dans la difficulté à remonter clairement leur ligne généalogique avec précision.

En effet, les Rohingyas selon leurs sources historiques confuses sont des descendants lointains des commerçants, des soldats arabes, des mongoles, des turcs, voire des Bengalis qui ont connu des brassages avec les aventuriers ou explorateurs portugais qui se sont avec audace hasardés dans cette partie du monde nous dit encore Sarah Laoubi. Par la suite avec la conquête des arabes leur conversion à l'Islam se serait produite du 7ème jusqu'au 15ème siècle. Dans la guerre qui a opposé la Birmanie à l'empire Britannique de 1824 à 1826, les Rohingyas ont joué le même rôle que les « Harkis algériens » en choisissant le camp des anglais, les colonisateurs.

De même, en 1948, lorsque les birmane s'attaquaient à la couronne britannique pour arracher leur indépendance, les Rohingyas en se rangeant une fois de plus du côté du colonisateur, furent taxer de traitres et classer parmi les non-birman, ruinant ainsi leur volonté de se constituer citoyens de la Birmanie. Selon l'Index Mondial de Persécution des Chrétiens, en 2017, 215 millions de personnes chrétiennes ont subi des exactions à caractère religieux dans 50 pays en Afrique (Somalie, Erythrée, Soudan, Lybie, Nigéria, Mali, Tunisie, Tanzanie, Centre Afrique, Algérie, Mauritanie, Egypte) et dans le monde.

Cette différenciation sociale à relents religieux frappe aussi les musulmans qui sont à leur tour persécutés comme on le lit dans la plateforme Overblog des 9 et 10 mars 2017 avec pour titre : « les musulmans sont les plus persécutés dans le monde ». Dans la nuit du 26 au 27 mars 1991, au cours de la guerre du Golf, l'armée américaine avec les hélicoptères super Huey, Cobra Gunship, Minigun, Apache, ont fait 80 km de morts sur les routes pour obliger l'Iraq à quitter le Koweït. Les effroyables images de cette destruction massive des populations, de ces crimes de guerres perpétués par les américains sont sur You Tube mais n'ont pas fait l'objet d'une saisine par aucune juridiction internationale !

Dans une thèse de Doctorat soutenue en 2006 à l'Université Paris IV-Sorbonne, au niveau de l'Ecole Doctorale : Concepts et langages, l'auteur, en parlant des Formes et des Processus de l'intégration dans son volet différenciation sociale résume sa théorie comme suit : « le processus de différenciation sociale à une forte incidence sur les liens unissant les membres de la communauté immigrée. En effet, plus une communauté est peu nombreuse et indifférenciée, plus les liens qui unissent ses membres sont forts et ceux avec la société environnante sont faibles. Inversement, plus une communauté est nombreuse et différenciée, plus les liens qui unissent ses membres sont faibles et ceux avec la société environnante sont forts. » (Elhoussaine O. : 2006, 6). Telle est l'explication que l'auteur donne des persécutions des peuples immigrés qui sont persécuté et même dessiner comme l'ont fait les américains des iraquiens.

Cependant, la différenciation sociale n'est pas que cela ! Au niveau du quotidien de notre société industrialisée orientée vers la mondialisation et le consumering, les années 1945, 1960 et 1990 sont celles qui ont été marquées par les vicissitudes et autres avatars du changement social. Il a affecté tous les secteurs de la vie sociale en ouvrant la voie à la transformation de la stratification sociale, de l'exode rurale, du phénomène de la péri-urbanisation, de la rurbanisation, de l'urbanisation, de la tertiairisation, des bouleversements des équilibres sociaux, de la remise en cause des valeurs religieuses.

A tout cela, il faut ajouter les nouveaux mouvements religieux, les nouveaux enjeux au plan politique, économique, culturel et social, à l'émancipation des femmes, à la redéfinition de la conception du mariage et de l'homosexualité, à la manifestation de la démocratie, de la destruction des valeurs liées au travail. On assiste aujourd'hui à la manipulation des « corporate images » et à la massification scolaire etc.

En somme, tout y passe car les critères de la différenciation sociale vont donner le jour à de nouvelles catégories socioprofessionnelles, de pratiques politiques, médiatiques, culturelles conduisant le monde vers la pensée unique, le village planétaire. La société est de plus en plus exposée à de nombreux critères de différenciation sociale qui finissent par compromettre la volonté des uns et des autres d'aller à la cohésion sociale, à l'égalité des chances voire à l'intégration / assimilation et intégration / socialisation que tout le monde appelle de ces vœux.

Chapitre IV
GENRE, EQUITE ET TRAVAIL SOCIAL

La question du genre est l'une des préoccupations majeures de toutes les composantes de la société. Elle est aussi celle qui soulève les discours enflammés des acteurs sociaux lorsqu'ils se retrouvent dans les fora où se prennent les grandes décisions engageant la vie des sociétés, des nations voire des continents. Il s'agit de parler du genre humain en général qui se décline en sexe masculin et féminin. Les problèmes auxquels ces deux composantes sont confrontées même si dans une approche superficielle semblent similaires cependant ne résistent pas à un décryptage en profondeur dans la mesure où chaque sexe laisse voir sa spécificité.

Dans ce cas de figure, l'équité qui apparaît comme l'objectif voire le but semble impossible à réaliser car ses contours sont fluctuants, évanescents d'une communauté à une autre, d'une société à une autre. Si dans la religion islamique les interprétations ulémas sur la question de la polygamie autorise le musulman à épouser deux, trois voire quatre femmes, ce précepte est à sortir d'une forte conditionnalité qui celle du respect de l'équité. Cette close, qui se veut restrictives remet au goût du jour-là réflexion sur le concept même de l'équité. Comment peut-on respecter les principes de l'équité ?

C'est en cela que les supputations vont bon train et se déplacent ipso facto sur un autre terrain que celui de la religion. Des explications sont tentées pour arrimer la question du genre, la problématique du concept même du travail social. Le serment d'hypocrate en médecine dans ses déclinaisons de lire sur les cascades et les murs des centres de santé. On peut lire sur les écriteaux:<<je ne te demande ni ton ethnie, ni ton sexe, ni ta race, ni ta religion, ni même à

quelle couche sociale à laquelle tu appartiens ! Dis-moi seulement de quoi tu souffres !>>. Cette idée force est le lettre motive des agents de la santé une catégorie professionnelle de tous ceux qui pratiquent le travail social. Dans la même logique, l'enseignant et les éducateurs de toutes sortes à qui on confie l'instruction et l'éducation des enfants ne cherche pas à savoir quel est le milieu de provenance de ces élèves et étudiants. Sa seule préoccupation est de partager le savoir, le savoir-faire et le savoir-être avec ceux à qui il doit inculquer en sa qualité d'enseignant.

Comment appréhender la question du genre et la mettre en relation avec l'équité et le travail social dans ce XXI e siècle qui connait beaucoup de bouleversements au niveau des équilibres sociaux, climatologiques et affecte la vie des acteurs sociaux sur toute l'étendue de la planète ? Ce t'enseignement se veut une réflexion embryonnaire tendant à inhiber la cogitation sur le devenir du genre en général.

I. LA DÉCLINAISON DU GENRE

Le genre est un concept qui admet plusieurs définitions. Il est polysémique et est abordé sous des angles différents par les chercheurs. « On ne naît pas femme : on le dérive ». (Simone de Beauvoir : 1949). On effet dans ses essais philosophiques, Simone de Beauvoir aborde la question du genre comme une construction sociale qui met en relief la théorie de l'existentialisme mais aussi celle de la phénoménologie proche de l'approche de Max Weber et même de Husserl. Pour la philosophe et écrivaine française, est que « aucune femme n'a de destin tout tracé. » Dans son ouvrage, elle « s'intéresse donc autant à l'infériorisation de la femme en tant que fait, qu'à ses causes, qui ne sauraient venir de quelque ordre naturel. » (Simone de Beauvoir : 1949).

Elle pousse loin son analyse de la question du genre dans le Toure 2 de son ouvrage en fustigeant ce qu'elle appelle la passivité, la soumission voire le manque d'ambition en parlant de la femme. De son point de vue, les hommes quant à eux portent en eux le sexisme, la lâcheté et même la cruauté. Dans la maison d'édition belge de Boeck Supérieur, l'on se demande : « pourquoi offre-t-on des poupées aux filles et des voitures aux garçons ? Pourquoi les femmes gagnent-elles moins que les hommes ? Comment expliquer qu'elles effectuent les deux tiers du travail domestique ? Pourquoi est-ce si mal vu pour un homme d'être efféminé ? Le pourquoi est-il intrinsèquement masculin ? ». Telles sont les interrogations de Laure Bereni, Sébastien Chauwin, Alexandre Jaunait et Aure Revillard dans leur ouvrage. Introduction aux études sur le genre (septembre 2012).

En somme, le concept de genre est différemment appréhendé par les chercheurs « le genre est en effet un concept central pour parvenir à lutter contre les inégalités au travail. », (Eléonore Barrelet : 2016, 6) .

D'autres travaux sur le genre ont tendance à le complexifier et à lui trouver plusieurs facettes. En effet, « le genre exprime les rapports sociaux de sexe, c'est-à-dire la construction sociale des caractéristiques, valeurs et norme attachées au féminin et au masculin par la culture, l'éducation, les institutions. Ces rapports sociaux entre femmes et hommes, qui se transforment et qui évoluent en permanence, selon les époques et les contextes, sont marqués, dans toutes les régions du monde et par une hiérarchisation et des inégalités au détriment des femmes. L'approche genre se décline ensuite comme une méthodologie d'analyse et un outil de transformation sociale vivant l'égalité entre les femmes et les hommes. ». (Le Monde selon les femmes : 2015, 14) .

Le genre depuis l'avènement de l'homme sur terre a toujours préoccupé les acteurs sociaux. Il faut partir des différents récits sur la création du monde à savoir sur la genèse de la vie sur la terre pour mieux appréhender la réalité même du genre. Les livres saints que sont la bible, le coran, le pentateuque, le livre de Confucius tous permettent de comprendre comment les deux être originels ont été créés et ce que le créateur leurs a assigné comme tâche et traçant du même coup les sillons de leur modus vivendi.

Pour de nombreux chercheurs, le genre est un concept qu'il faut analyser en passant par le canal de la lutte pour la survie, la pauvreté, la précarité, le mal-développement, les différenciations sociales avec les tâches dévolues aux hommes et d'autres aux femmes ! Cette vision des choses relative au genre pose la problématique même de l'égalité des sexes et partant la question de l'équité. En somme de quoi parle –t-on lorsque le concept du genre est mis en équation avec celui de l'équité ?

II. Genre et équité

Si le 08 mars 1975 est la journée internationale de la femme, il faut remonter dans le temps c'est-à-dire en 1948 pour voir les femmes après la deuxième guerre mondiale où elles ont côtoyé les hommes sur les théâtres des opérations militaires revendiquer leurs droits. Ces revendications avaient pour socle le droit à l'égalité et même à l'équité, jetant aussi les bases de ce qui sera leur volonté de s'émanciper et de discuter certaines prérogatives dévolues jadis aux acteurs sociaux de sexe masculin. Le profil de la femme libérée qui porte le pantalon comme l'homme, sait changer une roue d'automobile comme lui, fume la cigarette mais aussi un petit joint de marijuana va envahir toutes les conversations, toutes les rencontres et autres projets des bailleurs de fonds.

Le problème de l'égalité et par extension de l'équilibre s'est déplacé du terrain de la religion vers celui de l'espace social du quotidien des individus. Les mouvements féministes vont se mobiliser pour entamer des actions à l'échelle mondiale et chercher à se rapprocher le plus possible de l'idée de l'équité dans tous les secteurs de la vie sociale. Aussi « aborder la question de l'égalité hommes–femmes au travail ne peut donc se faire sans une compréhension plus approfondie du concept de genre puisqu'il met en lumière les rôles et fonctions assignées aux hommes et aux femmes. Ces attentes sociales et culturelles se retrouvent inévitablement reproduites dans le monde professionnel et génèrent des inégalités fragilisant essentiellement les femmes. » (Eléonore Barrelet : 2016, 6).

Avec cette présentation de l'équation de l'égalité voire l'équité dans les rapports sociaux professionnels, économiques et politique hommes-femmes, il apparait de plus en plus évident que le concept de l'équité est difficile à implémenter. Même au plan religieux les musulmans, les chrétiens et les disciples de différentes religions se font à l'idée qu'il est compliqué de vouloir instaurer l'équité dans les rapports sociaux.

En somme, l'équité aussi est une construction sociale qui se rapproche de la perfection qui n'est pas de ce monde !

Cependant , il faut noter que « depuis l'adoption par l'Assemblé Générale des nations –unies en 1979 de la Convention sur l'élimination de toutes les formes de discrimination à l'égard des femmes (CEDEF) , l'égalité femmes –hommes a été mise en valeur commune un enjeux clé pour le développement des populations .Malgré la ratification de cet instrument juridique par 186 Etats (sur 197 reconnus par l'organisation des nations-unies) , les disparités et la pauvreté touchent encore plus fortement les femmes .) ». (Jackeline Rojas : Décembre 2016,6) .

Lorsqu'on pousse l'analyse plus loin, il devient loisible de comprendre que l'équation de l'égalité-équité est difficile à résoudre du fait de la monosexualité dans laquelle se complait l'humanité. « Cette monosexualité du secteur social n'est pas sans évoquer une quasi-ségrégation des taches. Les travaux des historiens (Duby, Perrot, 1992) et les anthropologues (Héritier, 1996) l'on abondamment montré : la différenciation des activités selon le sexe, accompagnée de la dévalorisation des activités féminines et de la suprématie du masculin sur le féminin, est un fait universellement répandu dans le temps et dans l'espace. » (Elian Djaoui et Pierre-Francois Large : 2007, 106)

Toutes choses étant égales par ailleurs, l'analyse faite supra permet de comprendre que l'égalité-équité même appliquée à la vie domestique, familiale voire conjugale ne prédispose pas les sexes à mettre en scène au quotidien le principe de l'équité. Elle est si difficile à mettre en œuvre qu'au niveau économique mais surtout politique, la quatrième Conférence Mondiale sur les femmes du 4 au 15 septembre 1995 de Beijing s'est appuyée sur le concept de genre employé lors de la troisième Conférence Mondiale des femmes à Nairobie en 1985.

Ainsi à Beijing il n'a été retenu que le « genre se réfère aux relations entre hommes et femmes basées sur des rôles socialement définis que l'on assigne à l'un ou l'autre sexe ». Si lors de cette conférence il a été réaffirmé le principe de la parité dans tous les segments de la vie sociale, les participants n'ont cependant pas entériné la volonté de certains participants à l'image de Beverley Palesa Ditsie d'inclure tous ceux qui ont des orientations sexuelles différentes comme les homosexuels accepté le principe des 30°/◦ de femmes au moins dans les institutions sociales, culturelles, économiques et politiques. Partant de tous ces paramètres on ne peut que se poser la question de savoir comment l'équation du genre et de l'équité se décline dans la vie professionnelle au niveau du travail social. Les participants ont tous exhorté les différents gouvernements œuvrés pour faire de l'équité la politique à mener au niveau du travail social. Cela est–il possible?

III. LE GENRE ET LE TRAVAIL SOCIAL

« Le travail social est une pratique professionnelle et une discipline. Il promet le changement et le développement social, la cohésion sociale, le pouvoir d'agir et la libération des personnes. Les principes de justice sociale de droit de la personne, de responsabilité sociale collective et de respect des diversités, sont au cœur du travail social. Etayé par les théories du travail social, des sciences sociales, des sciences humaines et des connaissances autochtones, le travail social encourage les personnes et les structures à relever les défis de la vie et agit pour le bien –être de tous » (Définition Internationale du travail social a prouvée par l'Assemblée Générale de IASSW le 10 juillet 2014 à MELBOURNE (Australie). Cette définition est cette répandue, cependant les chercheurs proposent du travail social d'autres acceptions. En effet « le rapprochement des deux mots dans le terme de « travail social » ; par ailleurs cette juxtaposition se retrouve également en anglais ». (laurent ott : 2011, 87) .

Le travail social est une dénomination que l'on rencontre partout de nos jours. En effet, « être travailleur social représente bien une identité professionnelle, mais le terme ne recouvre l'intitulé d'aucune profession en particulier ; en effet les travailleurs sociaux peuvent être éducateurs de diffèrent types [...], animateur [...], conseillers en économie sociale et familiale, assistants sociaux etc. ». (Laurent ott : 2011, 89). Le travail social revêt une autre particularité. « Dès ses origines en France, le travail social ses inscrit au féminin. Les ancêtres de ses praticiens étaient soit des femmes célibataires soit des religieuses. Les premiers travailleurs sociaux diplômés étaient les assistantes sociales (ce diplôme date de 1932). Progressivement, ce secteur professionnel a évolué […], eu donnant naissance à une multiplicité de métiers qui se présentent comme une segmentation et une spécialisation… ». (Elian Djaoui et Pierre-François Large : 2007, 104). Aujourd'hui d'autres catégories des travailleurs sociaux sont appelés les « travailleurs sociaux » pour parler des prostituées. En général dans le travail en famille, en équipe etc. et se regroupent en plusieurs spécialités pour procéder au bon, déroulement de leur activité que l'on désigne par le terme intervention sociale ou intervention tout court.

Pour Elian Djaoui et Pierre François Large, « l'imaginaire qualifié de « féministe maternaliste », visant à la glorification de la fonction maternelle (Bessin, 2005b), ne remet pas en question la différence des genres. Il développe une multiplicité de représentations sociales propres à chaque sexe. Ainsi au féminin sont associés le subjectif, l'affectif, le singulier, l'assistance (position de subordination) ; au masculin, la rationalité, l'objectivité, le savoir, c'est-à-dire l'universée et la maîtrise (pouvoir). (Op. Cit, 2007, 108). On retrouve aussi cette rhétorique chez le sociologue français Pierre Bourdieu in La domination masculine (1998).

En somme de tout ce qui a été dit supra, il faut reconnaître que la question même du travail social est une thématique qui a toujours préoccupé les chercheurs et autres littéraires depuis la fin du 18e siècle. De nos jours, face aux mouvements féministes et aux actions conjuguées des sexistes la question du travail social revient car les acteurs sociaux ont perdu leurs repères, leurs valeurs et n'hésitent même pas à fouler les principes de vie et certaines conduites qu'ils avaient su préserver jusqu'aujourd'hui. Même si plusieurs métiers du travail social sont le fait des personnes du sexe féminin, il n'en demeure pas moins que les hommes aussi ont fait une incursion dans ces domaines au point de vouloir disputer la présence, le leadership aux femmes. Ce qui remet en cause le problème de l'équité si difficile à atteindre tant les positions sont tranchées et les hommes ne sont pas prêts à lâcher du best pour évoluer vers l'équité. Même dans les travaux de Braquet et de Mourey sur les principes de l'économie ne réussissent pas à démontrer que le commerce équitable respecte les dogmes et l'esprit de l'équité dans les activités menées par les différentes composantes du genre. Les études démontrent que les femmes sont celles qui paient une lourde tribu à leur volonté de voir appliquer dans les relations sociales, politiques et même économiques les principes de l'équité. Peine perdu car même à travail égal, catégorie professionnelle égale et expérience égale, l'équité n'est pas de fait dans le traitement salarial des hommes et des femmes. La balance penche toujours du côté des hommes et les perdantes de sexe féminin sont les perdantes.

Cela fait penser à l'idée suivante qui résume bien la situation ubuesque que connaissent les femmes. En effet, « la contribution des femmes aux travaux agricoles est largement sous-estimée dans la mesure où la plupart des études ignorent la contribution essentielle mais non-rémunérée des femmes. Souvent chargées de rapporter l'eau, le bois le carburant, de cuisiner et travailler sur l'exploitation familiale sans rémunération, les femmes paysannes sont donc invisibles pour nombre de décideurs. ». (Coordination Sud : 2013,3).

CONCLUSION

Le tryptique genre, équité et travail social revêt au goût du jour la question des acteurs sociaux que sont les femmes et les hommes au sein des sociétés des Etats. Déjà les livres saints ont présenté ces derniers comme des personnes sujettes à des différenciations biologiques, sociales voire professionnelles. Aux hommes seront dévolues des tâches spécifiques et aux femmes des activités mettant en scène l'affectivité, la subjectivité et tous ses démembrements qui faut de la gente féminine une travailleuse frappée de plusieurs types de stigmates. Cependant il faut retenir que « la prise en compte des enjeux liés au genre dans les démarches de renforcement de la société civile à servir, dans les exemples étudiés, à soutenir les initiatives locales dans la thématique, à mettre en valeur la participation politique des femmes et à inciter la parité et la mixité au sein des organisations. » (Jackeline Rojas : 2016, 16).

Partant de cette analyse, il se pose alors l'équation de la recherche tous azimuts de l'équité à travers les principes de l'égalité, de la mixité et de la parité. Les vicissitudes de la vie font de la seconde composante à savoir la personne de sexe féminin une victime tout « la domination masculine » de Pierre Bourdieu (1998). Elle se débat dans un monde qui s'appuie sur les préceptes religieux pour montrer que l'équité apparaît beaucoup plus comme un but qu'un objectif inaccessible du fait des clivages, des barrières dogmatiques érigées par les responsables des différentes sectes et autres confessions religieuses.

In fine, à scruter de près les textes religieux, juridiques et les discours politiques on s'aperçoit que la question du genre n'est pas traitée sous l'angle de l'équité à travers le prisme des valeurs, normes, repères inculqués aux acteurs sociaux. Face à cette difficulté à implémenter l'équité à travers le genre on ne peut que s'interroger sur ce que l'on peut lire des activités menées dans le cadre du travail social par les individus. Le travail social lui-même s'est voulu au départ animé par les personnes de sexe féminin. D'ailleurs le concept lui-même a évolué et touche plusieurs secteurs de la vie professionnelle au point que l'on peut se demander qu'est-ce que le travail social ? Touche-t-il à l'éducation, à l'économie domestique, à l'animation culturelle, aux interventions des forces de l'ordre, de la police, de la santé en somme de tous les services sociaux de base ? La question reste posée et le développement durable tant prôné par les décideurs politiques devient une gageure tant les contours du concept du genre, des interrogations sur l'équité entrainent la volonté de se prendre en charge, d'assumer son sexe et de participer à la construction sociale.

Chapitre V
GENRE ET INEGALITES DANS LES ORGANISATIONS

Après l'âge de la pierre polie, taillée, ce fut l'étape de la découverte du fer, éléments qui ont donné à l'humanité l'occasion d'améliorer les conditions de son existence. Avec les siècles les choses se sont précisées et ont évolué. Le 19è siècle est référencé comme celui de la découverte et de l'utilisation dans les constructions mécaniques, dans l'industrie bâtiment, du fer et de l'acier. Le 20è siècle a lancé l'ère de l'utilisation des dérivés du pétrole pour fabriquer les plastiques modifiant du coup notre modus vivendi, changeant nos habitudes, encourageant les féministes dans leurs combats pour leurs droits sociaux et ouvrant de ce fait les interrogations sur la question du genre. Quant au 21è siècle, il a permis le développement du numérique et des T.I.C. avec l'apport du silicium mais aussi contribué à installer au cœur des préoccupations des acteurs sociaux, des organisations non gouvernementales, des organisations internationales, l'épineuse question du genre avec ses inégalités.

En somme, l'enjeu est la problématique même du développement durable à partir de la contribution, de la participation du genre aux différents projets et programmes. Ce concept du genre comme abordé supra va se décliner en plusieurs interrogations allant dans le sens de procéder à une étude pluridimensionnelle afin de cerner toutes ses implications dans la vie citoyenne aujourd'hui en Afrique. Partant de cette approche, la première question est la suivante : qu'est-ce que le genre ? Que met-on dans ce concept ? Qu'est –ce que le genre induit en termes de différenciations sociales ? Comment aborder la question des inégalités dans les organisations à travers le prisme du genre ? Comment le genre à travers le panel des acteurs sociaux qu'il regroupe, peut-il créer les conditions mêmes du développement durable pour les populations africaines ? Telles sont les pistes de réflexion que cet enseignement se propose d'explorer.

I. LE CONCEPT DU GENRE

La question du genre depuis quelques décennies est devenue préoccupante pour les décideurs, les gouvernants, les associations et les organisations en général de même que les structures déconcentrées et décentralisées de l'Etat qui ont un programme orienté vers le développement durable. Partant, peut-on penser « le genre, levier d'une transition juste vers une société durable et égalitaire ? En tout cas, le chemin est aussi important que le but : le défi est de permettre à toutes les composantes de la société d'y contribuer, femmes et hommes, jeunes et moins jeunes et personnes de diverses origines, y compris les plus précaires. En passant par des modes de gouvernance qui font la part belle à l'intelligence collective…et paritaire ! » (Antoinette Brouyaux. Associations 21 : 2016, 3).

In fine, que peut-on mettre dans le concept même du genre ? Pour d'aucuns, « le genre est en effet un concept central pour parvenir à lutter contre les inégalités au travail. ». (Eléonore Barrelet : 2016, 6). Pour d'autres chercheurs, « comme concept sociologique, le genre exprime les rapports sociaux de sexe, c'est-à-dire la construction sociale des caractéristiques, valeurs et normes attachées au féminin et au masculin par la culture, l'éducation, les institutions. Ces rapports sociaux entre femmes et hommes, qui se transforment et évoluent en permanence, selon les époques et les contextes, sont marqués, dans toutes les régions du monde, par une hiérarchisation et, des inégalités au détriment des femmes. L'approche genre se décline ensuite comme une méthodologie d'analyse et un outil de transformation sociale visant l'égalité entre les femmes et les hommes. » (Le Monde selon les femmes : 2015, 14).

Cette définition du concept du genre soulève de nombreuses interrogations notamment celles qui déterminent un des espaces où se jouent les rôles et les statuts que chaque acteur cherche à mettre en scène et à défendre. Dans cette veine, il apparaît que « aborder la question de l'égalité hommes-femmes au travail ne peut donc se faire sans une compréhension plus approfondie du concept de genre puisqu'il met en lumière les rôles et fonctions assignées aux hommes et aux femmes. Ces attentes sociales et culturelles se retrouvent inévitablement reproduites dans le monde professionnel et génèrent des inégalités fragilisant essentiellement les femmes. » (Eléonore Barrelet : 2016, 6). Partant de ces différents concepts, des mots-clés se dégagent lorsque l'on veut opérationnaliser la question du genre. Entre autres, on identifie le couple *hommes-femmes* ou *femmes-hommes* (c'est selon !), la question de *l'égalité* présentée comme objectif à atteindre, *l'espace* où se jouent les rôles qui dans notre compréhension est le cadre du *travail* et de l'exercice des activités professionnelles qui, à terme débouchent sur les *inégalités*. Cependant, le genre ne renvoie pas seulement à ces éléments du paradigme à étudier.

En effet dans la méthodologie d'approche du genre, il faut aller chercher du côté des considérations religieuses liées à la création du monde (Al-Fatiha, Genèse, Pentateuque, Livre de Confucius…) pour comprendre les enjeux des déterminants sociaux, culturels, politiques, économiques qui entourent le concept lui-même. En un mot, le genre se conjugue à travers le prisme de la lutte contre les effets induits et pervers de la pauvreté, des activités dévolues aux femmes mais aussi aux hommes, aux vicissitudes de l'économie avec son lot d'inégalités, de précarisation de la vie domestique, des conséquences néfastes du changement climatique sur la vie des individus. Voilà le décor dans lequel il faut appréhender la question du genre qui, à n'en point douter a dérouté les décideurs et autres théoriciens du développement endogène et exogène, ouvrant alors la voie à un autre schème, à un autre paradigme qui est celui du développement durable !

Les études ont montré que la composante la plus exposée à la précarité et confinée dans ce que les anglo-saxons appellent *the starvation*, ce sont principalement les femmes. C'est ce qui a fait dire à certains que l'approche genre se fait en orientant les recherches sur les femmes qui sont frappées de plein fouet par les conséquences néfastes des modèles et autres programmes de développement économique. Telles sont les conditions qui ont rendues l'avènement du développement durable possibles.

Une enquête a été réalisée en Belgique francophone en 2016 en rapport avec la place du genre dans le rôle que chaque composante joue dans le programme des activités des organisations. Selon les auteurs de l'étude, « nous avons élaboré une méthodologie basée sur deux outils principaux : un questionnaire en ligne [...] qui ne devait pas prendre plus d'une vingtaine de minutes à remplir et un entretien dont la conduite était guidée par une série de questions ouvertes [...] et dont la durée pouvait varier d'une à trois heures. [...]. Qui a répondu au questionnaire ? Données sexo-spécifiques (hommes, 37,7%, femmes, 64,3%). Qui a répondu à l'entretien ? Données sexo-spécifiques (hommes 28,6%, femmes 71,4%). ». (Eléonore Barrelet : 2016, 7). Il faut aussi ajouter que : « depuis l'adoption par l'Assemblée générale des Nations-Unies en 1979 de la Convention sur l'élimination de toutes les formes de discrimination à l'égard des femmes (CEDEF), l'égalité femmes-hommes a été mise en valeur comme un enjeu clé pour le développement des populations.

Malgré la ratification de cet instrument juridique par 186 Etats (sur 197 reconnus par l'Organisation des Nations-Unies), les disparités et la pauvreté touchent encore plus fortement les femmes.). (Jackeline Rojas : Déc. 2016,6). Partant de ces résultats quoique éloignés quelque peu de la réalité sociale africaine, il faut cependant appréhender le genre en se posant la question suivante : qu'est-ce qui fait pencher la balance du côté des différenciations sociales, qui font des femmes des victimes, des laissés-pour-compte ?

II. Le genre et les différenciations sociales

La différenciation sociale lorsqu'elle est analysée à travers le prisme du genre fait des deux acteurs que sont les hommes et les femmes des êtres qui connaissent beaucoup de caractères spécifiques de leurs différences fondées par le sexe, l'appartenance à une communauté, la profession, la culture, la religion, le type d'activité menée au plan économique, l'appartenance à une organisation sociale, l'idéologie politique ou la superstructure etc...

Dans la Thèse de Doctorat qu'il a soutenue en 2006 en France à l'Université de Paris IV- Sorbonne, Elhoussaine donne de la différenciation sociale une définition qui englobe plusieurs dimensions. En effet pour lui, « le processus de différenciation sociale a une forte incidence sur les liens unissant les membres de la communauté immigrée. En effet, plus une communauté est peu nombreuse et indifférenciée, plus les liens qui unissent ses membres sont forts et ceux avec la société environnante sont faibles. Inversement, plus une communauté est nombreuse et indifférenciée, plus les liens qui unissent ses membres sont faibles et ceux avec la société environnante sont forts. ». (Elhoussaine O : 2006, 6). Qu'en est-il alors des principes des différenciations sociales appliqués au genre dans la relation que les hommes ont avec les femmes en Afrique ?

La question est difficile à élucider dans la mesure où les pesanteurs et les valeurs traditionnelles africaines introduisent des clivages dans la vie sociale des individus hommes et femmes engendrant et consolidant les inégalités entre eux à plusieurs niveaux. Les sociétés africaines depuis le 20è siècle sont confrontées aux problèmes de la désertification, du changement climatique, de la précarité, des vicissitudes et avatars du changement social, des effets induits et pervers de la mondialisation (globalisation), de l'urbanisation anarchique et galopante, des bouleversements des équilibres sociaux.

De nombreux travaux ont été initiés sur le phénomène religieux, sur l'excision, le mariage précoce et forcé, l'infantilisation et l'instrumentalisation de la femme. Les hommes n'ont pas été épargnés dans la mesure où les clivages et antagonismes politiques, les enjeux politiques, culturels, économiques les préoccupent. A cela, il faut ajouter la volonté de la femme de s'émanciper et de revendiquer l'égalité des chances, l'homosexualité qui s'est invitée dans les débats aujourd'hui, la destruction à laquelle on assiste des valeurs liées à la question de l'emploi et du travail. Bref ! Aujourd'hui, le genre se voit obligé de se conjuguer avec les éléments des différenciations sociales qui à terme engendrent beaucoup d'inégalités !

Au regard de ce qui précède, il faut retenir que le genre est confronté à la question de la complexification des problèmes sociaux, économiques, voire politiques auxquels il est bon d'ajouter les nouveaux mouvements religieux dont les femmes sont les plus grandes victimes parmi les fidèles, et in fine les pratiques dévastatrices des réseaux sociaux et des médias. Selon les rédacteurs et autres contributeurs de la Revue Coordination Sud, le thème des différenciations sociales appliqué au genre se retrouve sur les axes d'investigations suivants : « 1) Accès aux services et infrastructures, eau et assainissement ; 2) Agriculture et alimentation ; 3) Droits Humains ; 4) Formation professionnelle/ Accès aux ressources productives et économiques ; 5) Gouvernance et renforcement de la société civile et 6) Santé. » (Jackeline Rojas : Déc. 2016, 11).

Cependant dans tous ces secteurs d'intervention des ONG, au plan national, « la contribution des femmes aux travaux agricoles est largement sous-estimée dans la mesure où la plupart des études ignorent la contribution essentielle mais non-rémunérée des femmes. Souvent chargées de rapporter l'eau, le bois ou le carburant, de cuisiner et de travailler sur l'exploitation familiale sans rémunération, les femmes paysannes sont donc invisibles pour nombre de décideurs. ». (Coordination Sud : 2013, 3).

Dans la même veine, il faut retenir que « l'indice de la consommation, l'équilibre des balances commerciales et de paiement, le calcul du taux de croissance enregistré dans certains secteurs de la production et même la détermination du revenu national ne suffisent plus à cerner de manière exhaustive les contours de la réalité socio-économique de l'Afrique. Il devient indispensable d'orienter [...] le sens de la vision que les sociétés africaines ont d'elles-mêmes et ce qu'elles projettent comme image de leur altérité, [...] de regarder avec d'autres yeux les populations africaines cibles à partir de ce que Erving Goffman appelle leur « mise en scène de la vie quotidienne ». (Erving Goffman : 1971). ». (Koné Issiaka, 2008, 215).

En milieu mandenka, « la notion de développement ne doit pas s'appréhender comme un ensemble fini de paramètres permettant d'évaluer l'évolution socio-économique d'un pays africain d'une période X à une période Y, mais comme l'agencement de pratiques et d'activités intégrant la dimension culturelle de l'idéologie de la population étudiée. L'idéologie contenue dans le verbe mandenka « ka yiriwa » est celle de l'incitation de l'être social à la production pour faire bénéficier les membres de sa collectivité des retombées, des fruits de ce travail, notion qu'il est difficile de quantifier en données chiffrées dans la mesure où l'objectif recherché est la satisfaction morale et spirituelle de ses besoins et non la maximisation d'un éventuel profit ». (Koné Issiaka : 2008, 218).

Les différenciations sociales conduisent les femmes à être embarquées dans un engrenage où elles jouent le second rôle pendant que les efforts incommensurables qu'elles déploient par jour ne sont pas prises en compte. Ces activités ne sont pas quantifiées et ne font même pas l'objet d'une évaluation et d'une intégration à un système quelconque de calcul qui pour susciter de la part des autorités locales, des gouvernants voire des bailleurs de fonds le financement de projets et de programmes d'interventions en leur direction. Pour les responsables de l'ONG française Coordination Sud, « la prise en compte des enjeux liés au genre dans les démarches de renforcement de la société civile a servi, dans les exemples étudiés, à soutenir les initiatives locales dans la thématique, à mettre en valeur la participation politique des femmes et à inciter la parité et la mixité au sein des organisations. De la société civile. ». (Jackeline Rojas : 2016,13).

La conséquence de tout cela est que de plus en plus, les ONG et autres instances d'intervention en direction des couches vulnérables de la population africaine, appréhendent le type d'intervention spécifique qu'elles doivent opérer, en l'orientant beaucoup plus vers les associations des femmes qui, du fait des inégalités qu'elles vivent de manière drastique sont les laissées- pour compte des programmes de développement selon les modèles économiques classiques quand leurs préoccupations sont analysées à travers le prisme des différenciations sociales. D'où la nécessité de concevoir des programmes intégrés dans leur capacité à appuyer les activités féminines génératrices de revenus pour leur assurer une assise au plan économique, politique par le truchement de leur participation effective à la vie sociale aux côtés des hommes dans la perspective de leur autonomisation.

La résolution des problèmes liés au genre dans l'orientation même de la lutte contre les inégalités sociales n'est-elle pas à ce prix ?

III. LE GENRE ET LES INÉGALITÉS DANS LES ORGANISATIONS.

Comment appréhender l'interrogation que suscite le genre à l'aune de la confrontation avec les inégalités dans les organisations ? Cette thématique est le domaine privilégié de l'Agence Française de Développement(AFD), du PNUD, de l'USAID, d'OXFAM, du GIZ, de l'AVSI. En effet, « Coordination Sud a été une partie prenante de ce processus, œuvrant depuis plus d'une dizaine d'années pour la promotion de l'égalité femmes-hommes dans les organisations de solidarité internationale et leurs projets, et pour sa prise en compte par les politiques publiques. Le genre est d'ailleurs inscrit comme une thématique transversale prioritaire dans ses planifications stratégiques 2014-2016 et 2017-2022. » (Jackeline Rojas : 2016, 6).

Dans les organisations dont la plate-forme est essentiellement inclinée vers la solidarité internationale et qui travaillent sur la problématique du genre, les inégalités sont traitées à partir d'une méthodologie participative et innovante. C'est de ce constat que découle l'idée que les travailleurs volontaires au sein des ONG en général et dans Coordination Sud en particulier ont pour soutien à leurs actions la superstructure, la philosophie suivante : « Ainsi, lorsqu'une organisation prend conscience de l'importance d'intégrer le genre dans ses projets, elle a tendance à commencer par une approche » Femmes et développement ». Celle-ci cible les besoins immédiats des femmes » en les cantonnant au rang de bénéficiaires, en gardant une vision stéréotypée du rôle des femmes (projets de santé, éducation, des jeunes enfants, nutrition). ». (Jackeline Rojas : 2016, 14). Cette approche du genre au niveau du paradigme que les organisations développent à travers la méthodologie utilisée par elles pour étudier les inégalités n'est pas toujours adaptée au schéma que requiert ce type d'investigation.

Face à la complexification des problèmes des femmes et des hommes qui constituent le genre, une autre méthodologie sera expérimentée par les équipes-projets des organisations au moment où leurs projets les conduisent vers une autre manière d'aborder la question des inégalités dérivant du genre. Ainsi, ces organisations « intégrant une approche genre et développement impliquent également les hommes dans certaines activités afin de contribuer à une véritable transformation sociale dans un travail individuel ou/et pour un travail collectif. Sur le plan individuel, les hommes peuvent être amenés à s'interroger sur les représentations et les constructions autour de leur masculinité. Sur le plan collectif, ils peuvent être positionnés comme porte-paroles pour sensibiliser d'autres hommes. Par exemple, impliquer les leaders communautaires et religieux facilite la mobilisation des hommes du village. ». (Jackeline Rojas : 2016, 14).

D'autres études sur les inégalités dans les organisations présentent des résultats qui font l'objet de nombreuses analyses et interprétations. Une étude effectuée sur les inégalités de genre en entreprise est telle que « les analyses produites conduisent aux résultats suivants dans l'entreprise « Matelas » :

L'organisation du travail et de la production : les femmes et les hommes ne font pas les mêmes métiers, en raison d'une division sexuée du travail. Elles n'ont pas la même organisation du temps de travail, ni les mêmes salaires. Elle révèle une division du travail entre les femmes et les hommes. Les hommes conduisent les machines et travaillent en 3x8, quand les femmes sont à la couture (surfilage, confection, galonnage) en 2x8 avec des temps gammés. » (Laurence Théry et Florence Chappert : Septembre 2016, 3).

De cette analyse, il faut retenir que les inégalités dans les organisations proviennent de ce que les hommes et les femmes doivent opérer des transformations qui les poussent à s'investir dans des déconstructions au niveau des représentations qu'ils ou elles se font de ce que Laurence Théry et Florence Chappert (2016, 8) appellent » l'homme au travail », la prise en compte de leur santé, de leur âge, de leur volonté d'aller à l'égalité professionnelle avec leurs corollaires que sont la rémunération, la conduite du profil de carrière etc…

Face à ces facteurs de discrimination, comment faire des deux composantes du genre à savoir les femmes et les hommes les acteurs du développement durable ?

IV. LE GENRE : DES ACTEURS DU DÉVELOPPEMENT DURABLE.

Quels sont les véritables acteurs du développement durable ? La réponse à n'en point douter, ce sont les femmes et les hommes qui constituent le genre. Comment expliquer le constat que l'on fait de la contribution des hommes et des femmes dans la construction des projets orientés vers le développement durable ? Les rédacteurs de la Revue de l'Agence Française de Développement donnent des éléments de réponse qui permettent de comprendre pourquoi la participation des femmes et des hommes fait du genre le véritable acteur des enjeux du développement durable.

En effet, « Aucun pays au monde, aussi développé soit-il, ne dispose à ce jour d'une organisation de la société permettant aux hommes et aux femmes de participer sur un pied d'égalité à la vie civique, économique, sociale, culturelle ou politique. La pauvreté dans le monde est inégalement répartie, les femmes représentent 70% des pauvres du monde (UNIFEM, 2008). Cette pauvreté est liée à un accès et à un contrôle insuffisant aux ressources et aux différentes formes de capital (humain, physique, financier, …) : on estime que les femmes effectuent 66% du travail mondial, produisent 50% de la nourriture mais ne perçoivent que 10% des titres de propriété (UNICEF, 2007). » (Revue AFD ; 2007,9).

Ces chiffres parlent d'eux-mêmes car ils montrent ipso facto que des actions en faveur des transformations sociales dans l'approche genre sont nécessaires pour changer les mentalités des acteurs hommes et femmes à l'effet de les amener à une reconstruction sociale pour lutter contre les effets induits et pervers du changement climatique, la pression démographique, la difficulté à opérer la réforme et la purge foncière, la question de l'emploi, la lutte contre la pauvreté et la précarité, les projets économiques inadaptés, le pouvoir exorbitant des multinationales, les difficiles choix politiques etc…

L'acteur est le genre et le terme « renvoie à la répartition des rôles et à la nature des relations entre les femmes et les hommes. Contrairement au sexe biologique, cette construction sociale des rapports de genre évolue dans le temps et dans l'espace. Ainsi, les statuts, rôles et responsabilités ainsi que le pouvoir attribués aux individus peuvent-ils varier en fonction d'autres critères que la seule appartenance à l'un ou l'autre sexe ; en fonction du pays, de la culture, de l'âge, de l'ethnie, du statut politique, du groupe socio-économique, de la caste, de la religion, de l'orientation sexuelle. » (AFD : 2016, 11).

Partant, c'est l'ensemble de ces acteurs qui aident à concevoir les programmes sociaux, économiques, culturels, politiques qui inhibent l'approche du développement durable à travers une « vision du monde qui se représente les relations entre les hommes essentiellement sous la forme d'une médiation [...]

Où la relation sociale prime sur toute autre considération et où l'échange des objets est médiatisé par les relations concrètes entre les personnes. ». (Mondher Kilani : 1992, 139). Dans cette alternative, vouloir arrimer le genre au concept du développement durable c'est reconnaître qu'avant toute supputation théorique, l'expression revêt les caractéristiques d'une nouvelle forme de développement qui bat en brèche tous les modèles préconisés et expérimentés jusque-là par les théoriciens en la matière. Le paradigme s'il est nouveau, met au centre de ses actions l'amélioration de la qualité de la vie en faveur des populations mais en mettant en relief le respect de l'environnement et partant des paysages naturels, donc de la nature tout simplement !

Les chercheurs canadiens énoncent l'idée que : « le concept de développement durable trouve ses origines théoriques dans le milieu du XIXe siècle. [....] Le concept a débuté à se forger très tôt, mais ce n'est qu'en 1980, avec la publication de la stratégie mondiale de la conservation (SMC), que le terme » développement durable » a été employé au sens qu'on lui attribue aujourd'hui. C'est en effet entre la publication de la SMC et la déclaration de Rio en passant par le rapport Brundtland Notre Avenir à tous, que le concept de développement durable a d'une part grandement évolué et, d'autre part, été le plus largement diffusé. » (Jérôme Vaillancourt : 1998,4).

En somme, il apparaît clairement que le développement durable se veut une prise en charge complète de la question du développement du genre comme acteur avec la participation des uns et des autres dans une approche pluridimensionnelle et sectorielle qui privilégie le respect des ressources naturelles, de l'environnement et des principes de l'économie distributive. Il s'agit maintenant pour les femmes et les hommes de monter dans un train qui ne laisse pas le plus grand nombre des passagers sur le quai ! Comme il le peut, chacun prend place dans ce train en fonction des objectifs qu'il assigne à son voyage mais aussi en fonction de sa nature spécifique et son projet personnel de société !

C'est ce qui transparaît de la pensée de Ignacy Sachs lorsqu'il écrit que : « Le développement est un tout. Les dimensions culturelles, sociales, économiques, institutionnelles, politiques et écologiques doivent être traitées dans leurs interrelations par une politique intégrée. ». (Ignacy Sachs : 1981, 139). L'intégration dont parle Ignacy Sachs, se fait à partir des deux composantes du genre de manière à initier des actions qui vont au-delà des inégalités et des éléments de la différenciation sociale. C'est ce qui ressort de l'étude des canadiens Raynault M. C. et Bouchard C. sur la lutte contre la pauvreté et la réduction des inégalités sociales dans l'Etat du Québec. L'objectif à terme est de se rapprocher de l'équité, de la parité, de l'égalité des chances autour de la question de la gestion de l'environnement, du changement climatique qu'il faut chercher à contrôler, de la lutte contre la pauvreté, de la volonté d'implémenter une nouvelle approche participative des réalités de l'économie, de la politique qui se réinvente des paradigmes démocratiques avec au bout le développement durable.

CONCLUSION

En définitive, nous retenons que chacun est conscient que le sous-développement des uns tire vers le bas les économies dites développées. Alors pourquoi ne pas dans un cadre concerté aller à l'unisson pour l'exploitation rationnelle des ressources du globe tout en ménageant les populations dans leur mobilisation et leur participation à l'édification d'une société universelle plus juste, plus éduquée, bien formée, prise en charge au plan social, sanitaire, culturel, agricole, industriel, en un mot économique et politiquement démocratique. C'est la mission assignée aux gouvernements africains. Ceux-ci doivent déployer des politiques publiques en vue de soutenir le développement durable.

En effet, la politique publique est la feuille de route que l'Etat élabore pour la résolution des problèmes qui se posent aux populations dans leur quotidien. Il s'agit pour les gouvernants de prendre des dispositions, des mesures au profit des citoyens et de créer les conditions pour que la sensibilisation, la conscientisation et l'adoption de celles-ci se fassent avec la mobilisation et la participation de tous. Ce travail montre les formes que prennent ces politiques publiques, les outils sur lesquels les gouvernants s'appuient et les pratiques que les populations expérimentent.

Partout, il devient clair que si les formes des politiques publiques changent en relation avec ce que l'Etat veut prioriser, les enjeux qui sont les raisons, les motivations qui justifient les mesures ou les programmes adoptés, sont des construits sociaux qui se matérialisent à travers la dénomination, l'orientation, les missions et attributions des Ministères créés. (Muller et Surel: 1998). Il est clair qu'une bonne politique publique sans des organisations compétentes est vouée à l'échec.

Les organisations dont les membres partagent les mêmes positions et valeurs relativement à l'importance d'équilibrer l'efficacité économique, l'équité sociale et la responsabilisation environnementale détiennent une culture organisationnelle du développement durable.

En effet, la culture organisationnelle est cet instrument qui entre les mains des responsables des structures leur ouvre le vaste champ de la collaboration à travers la mobilisation, la participation, le sens du partage de ce qu'il faut identifier comme leur vision. À travers la gestion qu'il fait des organisations, ils s'appuient sur des valeurs, des repères, des normes, bref, une vision qui prend en compte aussi la culture nationale et l'identité propre que ces derniers veulent inculquer aux hommes et aux femmes avec qui ils partagent leur temps à travers un espace délimité.

Si la culture organisationnelle est ce qui donne une forme de ferrement, de levain au développement, c'est parce que c'est elle qui oriente les actes que les uns et les autres posent. En somme, rien n'est prédéterminé et tout est objet d'une construction, d'un paramétrage, d'un formatage car tout le travail se fait sur le mental des acteurs sociaux. La construction d'une culture organisationnelle orientée vers le développement à l'occidental pour les pays africains a montré ses limites. En effet la place de cette culture ne se fondant pas sur la spécificité des cultures africaines, il va de soi que l'échec de modèle prôné par les institutions de Bretton Woods va obliger les PDG, les DG, les Coachs, les Leaders, les Entrepreneurs, à se tourner vers un autre paradigme à savoir le développement durable.

Si l'homme est au centre de la culture organisationnelle, il faudra aussi porter un regard sur la diversité qui est désormais incontournable en matière de développement organisationnel.

Le tryptique genre, équité et travail social remet au goût du jour la question des acteurs sociaux que sont les femmes et les hommes au sein des sociétés des Etats. Déjà les Livres Saints ont présenté ces derniers comme des personnes sujettes à des différenciations biologiques, sociales voire professionnelles. Aux hommes seront dévolues des tâches spécifiques et aux femmes des activités mettant en scène l'affectivité, la subjectivité et tous ses démembrements qui font de la gente féminine une travailleuse frappée de plusieurs types de stigmates. Cependant il faut retenir que « la prise en compte des enjeux liés au genre dans les démarches de renforcement de la société civile a servi, dans les exemples étudiés, à soutenir les initiatives locales dans la thématique, à mettre en valeur la participation politique des femmes et à inciter la parité et la mixité au sein des organisations. » (Jackeline Rojas : 2016, 16).

Partant de cette analyse, il se pose alors l'équation de la recherche tous azimuts de l'équité à travers les principes de l'égalité, de la mixité et de la parité. Les vicissitudes de la vie font de la seconde composante à savoir la personne de sexe féminin une victime sous « la domination masculine » de Pierre Bourdieu (1998). Elle se débat dans un monde qui s'appuie sur les préceptes religieux pour montrer que l'équité apparaît beaucoup plus comme un but qu'un objectif inaccessible du fait des clivages, des barrières dogmatiques érigées par les responsables des différentes sectes et autres confessions religieuses.

In fine, à scruter de près les textes religieux, juridiques et les discours politiques on s'aperçoit que la question du genre n'est pas traitée sous l'angle de l'équité à travers le prisme des valeurs, normes, repères inculqués aux acteurs sociaux. Face à cette difficulté à implémenter l'équité à travers le genre on ne peut que s'interroger sur ce que l'on peut lire des activités menées dans le cadre du travail social par les individus. Le travail social lui-même s'est voulu au départ animé par les personnes de sexe féminin. D'ailleurs le concept lui-même a évolué et touche plusieurs secteurs de la vie professionnelle au point que l'on peut se demander qu'est-ce que le travail social ? Touche-t-il à l'éducation, à l'économie domestique, à l'animation culturelle, aux interventions des forces de l'ordre, de la police, de la santé en somme de tous les services sociaux de base ? La question reste posée et le développement durable tant prôné par les décideurs politiques devient une gageure tant les contours du concept du genre, des interrogations sur l'équité entrainent la volonté de se prendre en charge, d'assumer son sexe et de participer à la construction sociale.

Au cours des décennies passées, les organisations ont commencé à réagir aux pressions sociétales croissantes en orientant leurs objectifs axés seulement sur la maximalisation du profit vers trois composantes de base, les personnes, la planète et le profit (John Elkington, 1994). Depuis l'introduction de ce concept, les initiatives de durabilité centrées sur les personnes et la planète sont devenues des pratiques courantes parmi les organisations. Mais la migration est souvent négligée comme facteur dans la stratégie de pérennité d'une organisation. Or, c'est une question vitale, car elle a des effets positifs sur les organisations et pour que cette influence persiste, une prise de conscience et un engagement des leaders sont nécessaires. La migration offre des possibilités dans les trois composantes de base, par exemple, en créant une main-d'œuvre diverse et qualifiée, en encourageant l'innovation au-delà des frontières et en permettant de définir des stratégies mondiales intégrées dans le domaine de la durabilité environnementale[3].

[3]https://www.un.org/fr/chronicle/article/la-migration-le-developpement-durable-et-le-role-des-entreprises

La migration n'est pas comme on a tendance à le penser une expérience nouvelle. Ainsi pour de multiples raisons, les hommes ont toujours migré pour s'établir de manière heuristique, temporaire, saisonnière ou en permanence dans de nouveaux paysages naturels, de nouvelles contrées, de nouveaux pays voire des continents qu'ils choisissent de conquérir pour le court, le moyen et le long terme. Les deux dernières périodes d'installation des communautés entrainent mutatis mutandis de se conformer à un mode et à un processus d'intégration au niveau de la société comme le disent Beate Collet, Durkheim, Parsons mais aussi O. Elhoussaine dans sa Thèse de Doctorat.

L'histoire donne plusieurs configurations des cas d'intégration des communautés. En somme, les fortunes sont diverses à savoir, heureuses, pacifiques mais aussi dans de nombreux cas accompagnes de phénomènes de rejet, de ségrégation, de discrimination et de refoulement avec l'apparition de camps dits de déplacés.

Cependant, quelle que soit la nature de l'intégration/ assimilation ou de l'intégration/socialisation elle n'occulte pas le fait qu'elle engendre des paradigmes de différenciation sociale. Ces clivages vont se voir à tous les niveaux et à toutes les étapes de la construction par chaque individu au sein de la communauté globale dont parle Tönnies au plan social, culturel, linguistique, politique, économique, socio-professionnel, en rapport avec le sexe mais aussi avec la discrimination sur la base de nombreux critères.

C'est donc le lieu de préciser que le mouvement de déplacement des individus et des communautés est un processus qui se décompose en migration, en intégration et en critères inclusifs ou exclusifs de différenciation sociale.

Dans cette vision, les concepts de l'égalité des chances et celui de la lutte contre les inégalités sociales peuvent-ils prospérer et donner naissance à des communautés égalitaires vivant dans la cohésion, dans un cadre social pacifique et en bonne intelligence le tout orienté vers le développement durable ?

NOTES BIBLIOGRAPHIQUES

Akesbi (NAJIB) (1993). L'impôt, l'Etat et l'ajustement. Rabat, actes Editions Institut Agronomique et vétérinaire Hassan II, pp137-170.

Althabe (FRANCK GABRIEL) (1970), Le développement du sous-développement : l'Amérique latine. Paris, Editions Maspero.

Alventosa, Jean-Raphaël (2012). *Les outils du management public*. Paris : LGDJ. 258 p.

Arnaud, Serge ; Boudeville, Nicolas (2004). *Évaluer des politiques et programmes publics*

Baron, Gaëlle ; Matyjasik, Nicolas (2012). *L'évaluation des politiques publiques : défi d'une société en tension / dixièmes Journées de l'évaluation*. Paris : L'Harmattan, 279 p.

Baslé, Maurice (2008). *Économie, conseil et gestion publique : suivi et évaluation des politiques publiques et des programmes*. Paris : Economica, p180.

Baslé, Maurice (2010). *Connaissance et action publique*. Paris : Economica, 83 p.

Battesti, Jean-Pierre ; Bondaz, Marianne ; Marigeaud, Martine (et al.) (2012), *Cadrage méthodologique de l'évaluation des politiques publiques partenariales : guide*. Inspection générale de l'administration, Inspection générale des finances, Inspection générale des affaires sociales. Paris : IGA : IGF : IGAS, 54 p.

Berque (J) (1964), La dépossession du monde. Paris, Editions du seuil.

Bertand (H) (1975), Le Congo, formation sociale et mode de développement. Paris, Editions Maspéros.

Bertrand, Arnaud (2005). *L'évaluation des politiques publiques : performances et transparences : baromètre 2005/ Ernst & Young*. Paris: Ernst & Young, 17 p.

Bessis (Sophie) (2003). L'Occident et les autres: Histoire d'une suprématie. Paris, Editions le Découverte.

Bion, Jean-Yves ; Moqua, Patrick (2004). *Balisage d'une démarche d'évaluation de politique publique / Centre d'études sur les réseaux, les transports, l'urbanisme et les constructions publiques*. Lyon : CERTU, 125 p.

biville (R.) (1996) Analyse économique des organisations sans but lucratif. Paris, Thèse de doctorat Université Paris 1.

Blan (Peter). (1966). La bureaucratie dans la société moderne. New York, Ed. Random House.

Bourdieu (P) et sayad (A), Le déracinement. La crise de l'agriculture traditionnelle en Algérie. Paris, les Editions de minuit.

Boussaquet et al. (2006). *Dictionnaire des politiques publiques 2ème éd.* Paris : Presses de Sciences-Po, 520 p.

Braconnier, Patrice ; Cauquil Guy (Dir) ; préface de Michel Rocard (2010). *L'évaluation des politiques publiques : le développement d'une nouvelle culture*. Paris : SCEREN : CNDP, 199 p.

Caisse nationale des allocations familiales (2007). Rencontre sur l'évaluation des politiques publiques : séminaire des chargés d'études, Vichy 14 et 15 novembre 2006. Paris : CNAF, 117 p.

Carfantan (Jean- Yves), Condamines (Charles) (1980). Qui a peur du Tiers Monde? Paris, Editions du Seuil, Coll."Points-Politique".

Catteau, Damien (2007). *La LOLF et la modernisation de la gestion publique : la performance, fondement d'un droit public financier rénové*. Paris : Dalloz, 556 p.

CEP II (1995), L'économie mondiale 1996. Paris, Editions. La Découverte, call. ''Repères''

Chanlat (J.F) (1990) (Direction). L'individu dans l'organisation. Quebec, Ed. Les Presses de l'Université Laval.

Conseil économique, social et environnemental (2015). *Promouvoir une culture de l'évaluation des politiques publiques : avis / du Conseil économique, social et environnemental sur le rapport présenté par Nasser Mansouri-Guilani, au nom de la délégation à la prospective et à l'évaluation des politiques publiques*. Paris : Ed. des Journaux officiels,. -- 151 p.

Copans (J) (1990). La longue marche de la modernité africaine. Savoirs, intellectuels, démocratie. Paris, Editions karthala.

Crozier (M.) (1987). Le phénomène Bureaucratique, Paris, éd. Le Seuil

Crozier (M.), Friedberg (E.) (1977). L(acteur et le système. Paris, Ed. le Seuil, coll. "Points Essais".

Crozier (Michel). “Bureaucratie”. Encyclopedia Universalis (En ligne), Consulté le 24 Mars 2015. URL : //www.universalis.fr/encyclopedie/bureaucratie/.

Diop (MAJEMOUD) (1971). Histoires des classes sociales en Afrique de l'ouest. 1- le Mali. Paris, Editions maspéro.

Diop (MAJEMOUD) (1972). Histoires des classes de sociales en Afrique de l'ouest. 2- le sénégal. Paris, Editions Maspéro.

Doucy (R) et Bouvier (P) (1970) Introduction à l'économie sociale du tiers-monde. Bruxelles, Editions Institut de sociologie.

Dumont (R) et Mazoyer (M) (1969). Développement et socialismes. Paris, Editions du seuil.

Dumont (RENE) (1962). L'Afrique noire est mal partie. Paris, Editions du seuil.

Friedberg (E.) (1993). Le pouvoir et la règle. Paris, Ed. le Seuil.

Furtato (CELO) (1972). Théories du développement économique. Paris, Editions PUF.

George (Susan) (1978). Comment meurt l'autre moitié du monde. Paris, Editions Robert Laffon, Article broché.

George (Susan) (1994). Crédits sans frontières: la religion séculaires de la Banque Mondiale. Article broché. Paris, Editions Laffont.

Gibert (P.) et Bernard (F.) (1977). "Contrôle de gestion et organisations publiques". Paris, Ed. Revue Française d'Administration publique. N2, Avril-Juin, pp. 7-24.

Goffman (EWING) (1973). La mise en science de la vie quotidienne. Paris, Editions de minuit.

Goffman (EWING) (1974), Les rites d'interactions. Paris, les Editions de minuit

Gosselin (G) 51970), Développement et tradition dans les sociétés rurales africaines. Genève, Editions BTT.

Grenoble : Université de Grenoble 2 - Pierre Mendès-France : Institut d'études politiques de Grenoble, 356 p. ; (Thèse : Doctorat sciences politiques : Grenoble : 1998)

Guellec (DOMINIQUE), Ralle (PIERRE) (1995). Les nouvelles théories de la croissance. Paris, Edition la découverte.

Hall (R.) (1987). Organization : Structures, Processes and Outcomes. Prentice-Hall, Englexood, Cliffs New Jersey (4th ed).

Haubert (M). sous la dir. (1992) Etat et société dans le tiers-monde.de la modernisation à la démocratisation ? Paris, publication de la Sorbonne.

Jacot (J.N) (1994). Formes anciennes, formes nouvelles d'organisation. Lyon, Ed. Presses Universitaires de Lyons.

Jacot, Henri et Al. (2005). *Le citoyen, l'élu, l'expert : pour une démarche pluraliste d'évaluation des politiques publiques / septièmes journées françaises de l'évaluation, Lyon, 2005*. Paris : L'Harmattan, 2007, 241 p.

Jansen (Frank) (Sous la direction de) (2016). Entreprendre. Une introduction à l'entrepreneuriat. 2ème

Edition revue et augmentée. Préface de Pierre§Audré Julien. Paris, Ed. Bibliothèque Nationale, Ed. De Boeck Supérieur.

jarniou (Pierre) (1981) L'entreprise comme système politique. Paris, Ed. P.u.f, coll. "Business & Economics".

Kabou (AXELLE) (1991). Et si l'Afrique refusait le développement ? Paris Editions l'Harmattan

Kapfefer (J.N) (1984). Les chemins de la persuasion. Paris, Ed. Dunod.

Kilani (MONDHER) (1992), Introduction à l'anthropologie. Lausanne, Editions Payot, coll. '' sciences humaines''.

Koné (ISSIAKA) (2008), '' La problématique du développement chez les mandenka''. Bamako, Ed. centre national de la recherche scientifique et technologique. Revue Malienne de science et de technologie, N°10, décembre 2008, pp. 204-220.

Koné (ISSIAKA) (2009) ''Le développement de l'Afrique…un problème''. Libreville, Ed. cahiers et documents en ligne. Centre national de la recherche scientifique et technologique (CENAREST). « Itinéris » plus. Itinéraires pédagogiques et médiations scientifiques. Spécial « Littératures, sciences Humaines et sociales », volume 7 numéro 7, mars-avril 2009, pp.1-13.

Kotler (P.), Dubois (B) (1997). Marketing Management. Paris, Ed. PubliUnion 9ème Edition.

Lajugie (JOSEPH) (1990), Les doctrines économiques. Paris, Editions PUF, coll. ''Que sais-je ?''

Laville (J.L.), Sainsaulieu (R.) (éd.) (1997). Sociologie de l'organisation. Paris, Ed. Desclée de Brower.

Le Moigne (J.L) (1986) « Vers unsystème d'information organisationnel ». paris, Ed. revue Française de Gestion, Novembre-Décembre, pp 21-31

Le Thank KHOI sous la dir. (1984) « Culture et développement ». numéro spécial de la revue tiers-monde, tome XXV, N°97, janvier-mars 1984.

Lewis (ARTHUR) (1967) Théorie de la croissance économique. Paris, Editions payot.

Lewis (ARTHUR) (1980) L'ordre économique international : fondement et évolution. Paris, Editions Economica.

Lowentthal (PAUL) (1989), une économie politique. Paris, Editions de Boeck Université, call. '' Prémisses'', Editions Universitaires.

March (James), Herbert (A.S) (1958) Organisations. New York, Ed. Wiley, Oxford. England.

Martin (L) (1976) Pouvoir et développement économique. Paris, Editions anthropos.

Meillassoux (CLAUDE) (1975), Femmes, greniers et capitaux. Paris, Editions Maspero.

Ménard (C.) (1989) "les organisations en économie de marché". Parisn ed. revue d'économie politique, N6

Merton (Robert King) (1940) Structure bureaucratique et de la personnalité. Paris, Ed. Force sociale, coll. 18/4, p 560§568.

Mintzberg (M.) (1982). Structure et dynamique des organisations. Paris, Ed. Les Editions d'organisation.

Morin (Edgar) (1968) La Méthode. 3.La connaissance de la connaissance. Paris, Ed. du Seuil

Morin (Edgar) (1982) Sciences Humaines. Paris, Ed. du Seuil

Morin (Edgar) (1990). Introduction à la pensée complexe. Paris, Ed. du Seuil

Mouter de (2010). *Les nouvelles frontières de l'évaluation, 1989-2009 : vingt ans d'évaluation des politiques publiques en France, et demain ? / Neuvièmes journées françaises de l'évaluation, Marseille, juin 2009.* Paris : L'Harmattan, 339 p.

Mucchelli (JEAN-LOUIS) (1989). Principes d'économie internationale. Paris, Editions Economica, call. ''Ere. SA/AUPELF'', UREF.

Mucchielli (Jean-Louis) (1985). Les firmes multinationnales, mutations et nouvelles perspectives. Paris, Ed. Economica.

Offredi, Claudine (2010). *La notion d'utilité sociale au défi de son identité dans l'évaluation des politiques publiques*. Paris : L'Harmattan, 269 p.

Omrane (Amina), Fayolle (Alain), Zeribi-Benslimane (Olfa) (2005). "Les compétences entrepreuneuriales et le processus entrepreuneurial : une approche dynamique". Lyon, Ed. Godefroy Kizabi.

Paris : Ed. de la Performance. - 136 p.

Parsons (TALCOTT) (1951), The structure of social action. Cite par François bourricaud (1977), L'individualisme institutionnel: essai sur la sociologie de talcott Parsons. Paris, PUF, p.50.

Perret, Bernard (2014). *L'évaluation des politiques publiques*. Paris : La Découverte. - 128 p.

Petit Pont (M) (1968) Structures traditionnelles et développement. Paris, Editions Eyrolle.

Reid (Alain), Granger (Justine) (Mai 2016). La culture organisationnelle. Un levier à la performance des conseils scolaires et des écoles de langue française. Contrario, http://aix1.uottawa.ca/fgingras/doc/gestionscolaire.html

Rochet, Claude (2003). *Conduire l'action publique : des objectifs aux résultats*. Paris: Campus Press : Macmillan : Pearson Education, 2003. - VII-339 p.

Rosenberg (Nathan) et Birzell (L.E) (1989). Comment l'Occident s'est enrichi. Paris, Editions Fayard, Coll."Nouveaux Horizons".

Rostow (Walt Whitman) (1962). Les étapes de la croissance. Paris, Editions du Seuil.

Rouille d'Orfeuil (Henri) (1992). Le Tirs Monde. Paris, Editions La Découverte, Coll. "Repères" N°53.

Schein (E.H) (1985-2005). Organizational Culture and Leadership, 3rd Ed., Jossey-Bass.

Sénat (2004).*Placer l'évaluation des politiques publiques au cœur de la réforme de l'Etat : rapport d'information sur l'évaluation des politiques publiques en France* fait par Joël Bourdin, Pierre André, Jean-Pierre Plancade ; au nom de la délégation du Sénat pour la planification. Paris : Sénat, 428 p.

Sinnassamy, Christophe (2014). Le management public : organisation, gestion et évaluation des politiques publiques. Paris : Berger-Levrault, 611 p.

Spenlehauer, Vincent (1998). L'évaluation des politiques publiques, avatar de la planification

Têtêvi (G. Tête Adjalogo) (1989). La question du plan Marshall et l'Afrique. Paris, Editions de L'Harmattan.

Thévenet (Maurice) (28 Déc. 2010) Rapport de stage (Doudou 1506). Etudier.com. Professeur au CNAM et à l'ESSEC. Culture d'entreprise. Paris.

Thomas (LOUIS-VINCENT) (1966), Le socialisme et l'Afrique. Paris, Editions le livre africain.

Trosa, Sylvie (2004). *L'évaluation des politiques publiques*. Paris : Institut de l'entreprise. - 75 p.

Université de Rennes (2008). *Innover dans les pratiques. Livre blanc : le suivi-évaluation pour un pilotage optimisé de l'action publique* [S.l.] : [s.n.], 43 p.

Vellas (P) (1968), Moyens sociaux de développement économique. paris, Editions PUF.

Vollet, al. (2008). *Manuel de l'évaluation des politiques publiques*. Versailles : Editions Quae, 63 p.

Weber (Max) (1995) Economie et Société. Le phénomère de la bureaucratie (Tome 1). Paris, Ed. plon

Westphalen (M.H) (1989). Le communicator. Paris, Ed. Dunod.

Young (M.D) (1992). Sustainable Investment and Resources Use. Paris, Editions Parthenon-Unesco.

TABLE DES MATIERES

Structures éditoriales du groupe L'Harmattan

L'Harmattan Italie
Via degli Artisti, 15
10124 Torino
harmattan.italia@gmail.com

L'Harmattan Hongrie
Kossuth l. u. 14-16.
1053 Budapest
harmattan@harmattan.hu

L'Harmattan Sénégal
10 VDN en face Mermoz
BP 45034 Dakar-Fann
senharmattan@gmail.com

L'Harmattan Cameroun
TSINGA/FECAFOOT
BP 11486 Yaoundé
inkoukam@gmail.com

L'Harmattan Burkina Faso
Achille Somé – tengnule@hotmail.fr

L'Harmattan Guinée
Almamya, rue KA 028 OKB Agency
BP 3470 Conakry
harmattanguinee@yahoo.fr

L'Harmattan RDC
185, avenue Nyangwe
Commune de Lingwala – Kinshasa
matangilamusadila@yahoo.fr

L'Harmattan Congo
67, boulevard Denis-Sassou-N'Guesso
BP 2874 Brazzaville
harmattan.congo@yahoo.fr

L'Harmattan Mali
Sirakoro-Meguetana V31
Bamako
syllaka@yahoo.fr

L'Harmattan Togo
Djidjole – Lomé
Maison Amela
face EPP BATOME
ddamela@aol.com

L'Harmattan Côte d'Ivoire
Résidence Karl – Cité des Arts
Abidjan-Cocody
03 BP 1588 Abidjan
espace_harmattan.ci@hotmail.fr

L'Harmattan Algérie
22, rue Moulay-Mohamed
31000 Oran
info2@harmattan-algerie.com

L'Harmattan Maroc
5, rue Ferrane-Kouicha, Talaâ-Elkbira
Chrableyine, Fès-Médine
30000 Fès
harmattan.maroc@gmail.com

Nos librairies en France

Librairie internationale
16, rue des Écoles – 75005 Paris
librairie.internationale@harmattan.fr
01 40 46 79 11
www.librairieharmattan.com

Librairie l'Espace Harmattan
21 bis, rue des Écoles – 75005 paris
librairie.espace@harmattan.fr
01 43 29 49 42

Lib. sciences humaines & histoire
21, rue des Écoles – 75005 paris
librairie.sh@harmattan.fr
01 46 34 13 71
www.librairieharmattansh.com

Lib. Méditerranée & Moyen-Orient
7, rue des Carmes – 75005 Paris
librairie.mediterranee@harmattan.fr
01 43 29 71 15

Librairie Le Lucernaire
53, rue Notre-Dame-des-Champs – 75006 Paris
librairie@lucernaire.fr
01 42 22 67 13